丛书编委会

主　任：张力鸣

副主任：何健明　章才根

成　员：张力鸣　何健明　章才根　周均悦　丁耀方　倪国君

审　稿：章才根　倪国君（高中）

本 书 主 编：陈天宁

本 书 编 委：吴孟军　茅纪芬　祝国芬　徐玉萍
　　　　　　翁晓波　蒋忠明　蔡建波

（按姓氏笔画顺序排列）

微课实录丛书

高中历史卷

本书主编　陈天宁

图书在版编目（CIP）数据

微课实录丛书. 高中历史卷 / 陈天宁主编. —宁波：宁波出版社, 2018.12

ISBN 978-7-5526-3276-7

Ⅰ. ①微… Ⅱ. ①陈… Ⅲ. ①中学历史课—教学研究—高中 Ⅳ. ① G633

中国版本图书馆 CIP 数据核字（2018）第 168159 号

微课实录丛书　高中历史卷

本书主编	陈天宁
出版发行	宁波出版社
地址邮编	宁波市甬江大道 1 号宁波书城 8 号楼 6 楼　315040
网　　址	http://www.nbcbs.com
策划编辑	吴　波
责任编辑	刘佳佳
责任校对	陈艾利　李　强
装帧设计	金字斋
印　　刷	宁波白云印刷有限公司
开　　本	787 毫米 ×1092 毫米　1/16
印　　张	17
字　　数	280 千
版　　次	2018 年 12 月第 1 版
印　　次	2018 年 12 月第 1 次印刷
标准书号	ISBN 978-7-5526-3276-7
定　　价	48.80 元

本书若有倒装缺页影响阅读，请与承印厂联系调换，联系电话 0574-83875165

总　序

宁波市教育局教研室编写了这套《微课实录丛书》，请我写几句话，我没有推辞，因为这是一件有意义的事，值得肯定和推广。

传统的教学论以教师、学生、教材这三个教学要素以及它们之间的关系为主要研究对象，后来的教学设计以教学目标、教学过程、教学评价这三个教学范畴以及它们之间的关系为重要研究对象。因此，长期以来，直接为课堂教学服务的教学资源和教学手段的研究和开发并没有受到一线教师的足够重视。最近几年，现代教育技术在课堂教学和学生自主学习中得到广泛应用、深度融合，不仅深刻影响着教学的发展，影响着教学途径、教学组织形式、教学方式、教学评价的变化，还极大地改变了人们对教学资源和教学手段的现代化的认识。

"微课"是运用信息技术呈现片段教学以及相关背景材料的一类教学形态和资源。由于它具有教学主题突出、问题聚集、时间较短、制作简便的鲜明特点，因而受到越来越多师生的青睐。

宁波市教育局教研室各学科各学段的教研员组织一批优秀教师制作了1500余堂微课，丰富了我市基础教育教学资源。在此基础上，为了帮助一线教师具体、详细了解"微课"的种类、特征、内容组成和制作要求，又将视频资源转化为文字资源，编印了本丛书，包括微课实录、教学设计、教学反思、练习测试与教师点评等内容（各学科有所侧重）。各位教研员为此花费了相当多的时间和精力，几易其稿，精益求精。今天终于与大家见面了。

相信这套源自一线教师，又服务于一线教师的《微课实录丛书》能为广大教师提供切实而有效的帮助。

是为序。

2017 年 3 月

前　言

《微课实录丛书　高中历史卷》是宁波市教育局实施的一项网上教育工程——宁波智慧教育微课视频的文字实录形式。微课是当今兴起的一种新的教学形式和学习方式，它有助于学生的自主学习，通过对某个知识点的反复学习，解决学习中遇到的问题，对提高学习效率很有帮助。

本书的编写者都是在教学一线有着较为丰富经验的高中历史青年教师。他们根据高中历史必修教材和选修3教材的内容，结合平时教学中教师、学生所遇到的具体问题，选择出典型问题进行研究、解决。

本书中的知识内容有的是教师针对教学中的重点、难点问题的讲解，有的是对某个具体问题的拓展性说明，还有的是对知识的梳理归纳，可以作为高中学生在学习相关历史内容时的有益补充。

书中每一个微课实录都以选题背景、微课实录、微课思考形式呈现，使学生在阅读时能理解提出该问题的原因，选择本问题的意图，学习此问题的价值和重要性。教师通过模拟上课过程进行实录撰写，过程中有教师讲述、教师设问、材料呈现、微课小结等环节，便于学生了解学习的过程。

"微课思考"部分是对学习内容中还有其他说明或注意要求的陈述，能促进学生在学习后思考，提高学习能力。

为了让读者对微课的形式有更直观的了解，书中还附有典型微课的视频，供学习者观摩学习。

将微课以实录的方式呈现是否具有意义，这可能还有待探讨。本书只是一种尝试，欢迎广大读者提出批评和建议。

编者

2018 年 10 月

目 录

（带有 ▶ 图标的微课可在线观看视频）

总　序 ……………………………………………………………	001
前　言 ……………………………………………………………	003

▶ 浅谈礼乐制度 …………………………………………… 余　瑜　001
　说晁错解察举制 ………………………………………… 余　瑜　005
　宣政院与理藩院的异同 ………………………………… 余　瑜　009
▶ 义和团运动为何起自山东地区 ………………………… 沈兴伟　013
　中国在二战中的作用 …………………………………… 沈兴伟　017
　从"人"的角度看解放战争 …………………………… 沈兴伟　021
　"新民主主义国家"的短暂命运 ……………………… 黄　鸿　025
　从"毛主席"的地位变化看中国革命的演变过程 …… 黄　鸿　031
　中美正式建交迟缓的原因 ……………………………… 黄　鸿　035
　梭伦改革的内容及作用 ………………………………… 周玲娟　039
　如何理解雅典民主政治造就了"盛世雅典" ………… 周玲娟　042
　罗马法的发展历程 ……………………………………… 周玲娟　046
　循序渐进——近代英国权力中心的转移 ……………… 杨　琳　050
　制约平衡——美国1787年宪法缓解的矛盾 …………… 杨　琳　053
　拨云见日——德国1871年宪法的特点 ………………… 杨　琳　057

标题	作者	页码
马克思主义诞生的条件	张 颖	061
巴黎公社失败原因分析	张 颖	068
全面认识巴黎公社的性质	张 颖	073
马歇尔计划	胡太伟	077
雅尔塔体系和两极格局的关系	胡太伟	081
第三世界的不结盟运动和中国的不结盟政策的关系	胡太伟	084
▶ 古代中国灌溉工具的演进	林雪松	088
唐三彩是陶还是瓷	林雪松	093
中国古代商人群体的真实形象	林雪松	097
中国近代民族工业特点之分析	赵志广	102
没有前途的经济奇迹	赵志广	109
近代中国资本主义的历史命运	赵志广	114
▶ 人民公社那些事儿	陈欢夸	118
家庭联产承包责任制的前世今生	陈欢夸	123
辛亥革命与近代社会习俗的变革	陈欢夸	128
价格革命与16世纪西欧资本主义的发展	董敏达	133
▶ 手工工场的发展与机器大生产的出现	董敏达	137
市场需求对英国工业革命的推进作用	董敏达	140
胡佛真的很笨吗	戴林云	145
从供求关系看1929年经济危机发生的原因	戴林云	148
以"通货膨胀"治理"通货紧缩"	戴林云	152
苏联新经济政策被抛弃的原因	李启区	155
从希腊债务危机看欧洲一体化	李启区	159
从巴黎恐怖袭击透视全球化背景下的主要问题	李启区	163
从"百家争鸣"到"独尊儒术"	胡谟旭	168
▶ 信仰的重建	胡谟旭	172
"六经责我开生面"	胡谟旭	175
四大发明对中国及世界的影响	石贞玉	179
科技起步与国力展示	石贞玉	184
明清小说的人情世界	石贞玉	188

| 维新派如何开启民智、宣传维新思想 | 方寅戎 | 192 |
| 前期新文化运动的内容 | 方寅戎 | 196 |
▶ 用史料来解读三民主义以及新旧三民主义的比较 | 方寅戎 | 200
| 苏格拉底的智慧 | 胡海丰 | 204 |
▶ 文艺复兴为什么首先发生在意大利 | 胡海丰 | 208
从独身禁欲的"神甫"到可以结婚的"牧师"	胡海丰	212
如何认识牛顿的经典力学在近代自然科学理论发展中所处的历史地位	宋佩娟	217
进化论的影响	宋佩娟	222
瓦特和他的改良蒸汽机	宋佩娟	227
一战的两大军事集团	杨静萍	233
一战中的新式武器	杨静萍	237
《凡尔赛和约》	杨静萍	241
第二次世界大战过程梳理	郑广亮	245
二战可以避免吗	郑广亮	249
教材中二战武器插图分析	郑广亮	254

浅谈礼乐制度

宁波市鄞州高级中学　余　瑜

一、选题背景

历史剧是学生接触和了解历史的一个途径,但有时由于编剧的失误等原因,会有一些与史实不相符的剧情。影视剧里,"古人"在介绍自己时常以"我"作为开场语。然而,中国古人在社交场合或者是公共场合,真正自称为"我""吾""余"的,却是少之又少。自称"我"甚至会被大家讥为不懂礼仪。事实上,中国自古以来就是礼仪之邦。礼在儒家思想中占有重要地位。礼乐制度更是周朝统治者用来维护等级制度的工具。本微课通过介绍礼乐制度,勾画出中国早期政治制度全景,有助于学生全面掌握该知识点。

二、微课实录

教师引导

大家第一次见面在自我介绍时常用"我"开场。大家想一想,我国古人是如何自称的呢?

教师讲述

最为常见最为普遍的,自称姓曰"敝姓某",称名曰"草字某某"。此外,作为礼仪之邦的我国,根据见面对象不同,自称往往跟着改变,见面的礼仪也随场合的不同而变化。礼,是中国传统文化主流思想的主要内容之一。礼乐文明是中国古代文明的重要组成部分。下面就介绍有关礼乐制度方面的知识,供同学们更好地学习中国早期政治制度的内容。

根据《周礼》记载,我们可以从中了解西周社会的一点概况,比如他们的衣食娱乐等。

材料呈现

据《周礼》记载,衮(gǔn)服是西周统治阶级的最高一级礼服

西周一般贵族服饰

西周时期凡使用鼎,天子用九鼎,诸侯七鼎,大夫五鼎,士三鼎;凡使用乐器,天子用编钟四套,诸侯三套,大夫二套,士一套。

到春秋后期,就出现了"礼崩乐坏"的局面。一些卿大夫在夺取国君权力的同时,不但僭用诸侯之礼,甚至僭用天子之礼。按礼,天子的舞用"八佾(yì)"("佾"是"乐舞行列"的意思,每列八人,八佾为六十四人),而季孙氏也用"八佾舞于庭",孔丘斥责说:"是可忍也,孰不可忍也!"

教师设问

在材料中,我们看到当时不同等级的人穿的服饰有严格的规定;看到周王可用九鼎,诸侯用七鼎,卿大夫用五鼎,士用三鼎;乐器亦如此,彼此不可逾越。也看到"八佾之舞"原本只有天子才能享用。同学们一定已经猜到这些材料涉及中国古代的什么制度了吧?

教师讲述

是的,礼乐制度。

礼制,即礼仪制度,礼的本质是差异,也就是说贵与贱、尊与卑、长与幼、亲与疏的各种人之间,必须遵守各自的行为规范,绝对不可混淆。这种有差异的秩序叫"礼",不可僭越。乐制,即音乐和乐舞制度。周礼对音乐和舞蹈的享用方面有明确规定:只有贵族才可以享受音乐和舞蹈,而不同等级的贵族,其享用的规格(乐目、乐器、组合)都不一样,等级区分非常严格。

礼乐制,简单而言,就是对不同等级的人在衣、食、住、行和乐舞等方面的严格规定,周朝实现了贵贱有差,尊卑有别,长幼有序。根据《尚书》记载,周武王的弟弟"周公摄政,一年救乱,二年克殷,三年践奄,四年建侯卫,五年营成周,六年制礼作乐,七年致政成王",即周公旦"制作礼乐"。不同身份的人,使用的礼器和乐器都有细致的规定。

我们来看用鼎和簋的规定,天子九鼎八簋,享用的食物有牛、羊、乳猪、鱼、干肉、牡蛎、猪肉、鲜鱼和鲜鱼干。诸侯是七鼎六簋,享用的食物有牛、羊、乳猪、鱼、干肉、牡蛎和猪肉,不能享用鲜鱼和鲜鱼干。卿大夫是五鼎四簋,高级士是三鼎二簋,低级士是一鼎一簋。级别越低,享用的食物越少,到低级士只能享用干肉。如果用错了,违背了规定,就要受到惩罚。

教师设问

那么,周公为什么要"制作礼乐"呢?

材料呈现

在(中国)这样的国家里,由于存在血缘关系的纽带,上下左右的关系不光靠法律来调整、维系,尤其要靠道德来调整、维系。那个把法律、道德、礼仪、习惯等等集于一身的东西就是周礼。所以周礼不仅仅是周朝的礼仪,它代表西周以来传统的宗法等级制度。

——阎韬《孔子与儒家》

衣服有制,宫室有度,人徒有数,丧祭械用皆有等宜。

——《礼记·王制》

教师讲述

可见,它能体现社会的等级差异,有利于周王对国家的统治,维护贵族的特权和地位,稳定社会秩序。礼和乐相辅相成,构成了一个完整有序的社会政治制度。

西周王朝能够延续275年,在一定程度上,依赖的就是这套礼乐制度。到了孔子生活的春秋时期,礼乐制度崩溃,孔子斥责季孙氏用"八佾舞于庭",说明孔子极其重视尊卑等级制度,礼乐制度正是维护社会秩序的工具。

三、微课小结

综上所述,礼乐制是维护宗法制与分封制必不可少的工具。我们可以这样来认识中国早期政治制度:

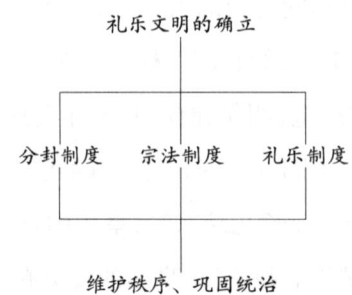

礼乐制度在春秋战国时期逐步失去了生存的土壤,而被列国纷纷弃之如敝屣。但另一方面,恰恰就在此时,礼乐作为一项基本政治制度的价值得到有识之士的重新思考和认识,基于此,礼乐制度后来在汉初重登政治舞台,并绵延2000多年而不衰。中国因此铸就了礼仪之邦的世界形象。

练习题 在现实生活中,你是否还能感受到礼乐制度?

四、微课思考

《中国早期政治制度的特点》一课中的"材料阅读与思考"中出现《论语 八佾》的篇名。要想较好地理解题意,我们需要从与"八佾之舞"相关的礼乐制度开始说起。历史学习贵在激发学习兴趣,而提供全面、生动的历史乃是至关重要的。

说晁错解察举制

宁波市鄞州高级中学　余　瑜

一、选题背景

察举制,属于"君主专制政体的演进与强化"一课中的"发展要求"。教材中仅有一两段的文字介绍,学生学习起来颇为费解。"知识链接"对"贤良"的解释,未能满足学生对察举制的认知需求。察举制如何选拔官吏,汉武帝又是如何发展察举制,察举制有哪些缺陷,察举制对今天选拔官吏有无影响……这些问题都是学生关心的,也是我们在平时教学中所欠缺的。因此,本微课试图给学生们介绍较熟悉的西汉名臣晁错的生平,从他任中大夫的缘由说起,方便学生掌握有关察举制方面的知识。

二、微课实录

教师引导

西汉时期,有一个著名的大臣名叫晁错。他年轻时师从学者张恢,由于熟悉文献典故,被任命为太常掌故。掌故隶属于太常,负责掌管礼乐制度。汉文帝时奉命跟原秦朝博士伏生学习《尚书》。后来任太子(即后来的景帝)家令,深受宠幸,升迁为博士。再后来,晁错由平阳侯曹窋(zhú)等人联名举为贤良,由文帝亲自策问。在对策的百余人中,晁错成绩突出,升迁为中大夫,负论议之责。

教师设问

通过晁错的升迁仕途,我们发现除了他自身才能外,还与什么制度有关?

教师讲述

对,由"晁错由平阳侯曹窋(zhú)等人联名举为贤良"可见,他能升迁为中大夫与察举制息息相关。

今天,我们就一起来进一步了解察举制的相关内容。

(一)设察举制的目的

西汉,为了适应国家统治的需要,建立了一整套选拔官吏的制度,名"察举制"。

(二)察举制的开始

公元前196年,汉高祖刘邦下求贤诏,令郡国推举有治国才能的"贤士大夫",开汉代察举制度的先河。

把察举作为选官制的一项制度是从汉文帝开始的。那么,察举制到底是怎样的呢?

(三)概念解读

察举也叫"荐举",有考察、推举的意思,是指自下而上推选人才的制度,即根据皇帝诏令所规定的科目,由中央或地方的高级官员,通过考察把品德高尚、才干出众的人才推荐给朝廷,经过考核,然后授予官职。

察举的科目,是由少到多不断增加的,归纳起来大致可以分为两大类:一类是常科,即指岁举类科目;另一类是特科,即特别指定的科目。岁举类科目有孝廉(孝敬廉洁者)、秀才(才能优秀者)、察廉(察举廉吏)、光禄四行(质朴敦厚逊让节俭者)。其中,孝廉是汉代察举中最为重要的岁举科目。

特科又分为常见特科和一般特科。教材"知识链接"中提及的"贤良方正""贤良文学"是典型的特科。"贤良方正"是最主要的特科,始置于文帝二年(公元前178年),目的是"纳天下言",即广泛听取民众对国政的意见。常见特科"贤良文学"所立的选才标准是:品德与文才兼备,又有良好的经学底蕴。之所以强调经学,这与汉武帝实行罢黜百家、独尊儒术以后,"文学"的涵盖范围实际指"经学"有关。

大家不妨回忆一下曾学过的名篇《陈情表》,西晋的李密写给晋武帝的书信中就有察举制及察举科目的体现:"前太守臣逵,察臣孝廉;后刺史臣荣,举臣秀才。"

当然,要得到政府授予的官职,还需经过朝廷的考核。朝廷会提出一些治国和经义方面的问题进行考核,叫作"策问",应举者回答朝廷提出的问题,叫作"射策"或"对策"。我们之前提到的晁错就是在对策表现中成绩显著。董仲舒则是以贤良连对三策而被录用的。

（四）汉武帝与察举制

汉武帝建元元年（公元前140年）下诏举士，规定非治儒术者不取，这意味着察举制度的完备与正式确立。武帝通过设立太学，完善察举制，确立以儒家思想为指导原则，达到学术思想、政治体制、知识分子三位一体的结合，使中央集权制有了进一步的发展。

从西汉到东汉初，察举的实施都比较严格。被举者如发现不合标准，举者应承担主要责任，被免秩、免官。察举制保证了王朝对行政人才的需要。然而到了东汉中后期，察举制日益腐败。

（五）察举制的弊端

材料呈现

> 故时人语曰："举秀才，不知书；察孝行，父别居。寒素清白浊如泥，高第良将怯如鸡。"

——《抱朴子外篇·卷二审举第十五》

教师设问

为什么会出现这样的现象呢？

教师讲述

地方选举权被少数公卿大臣、名门望族控制，他们选士任官往往推荐名望家庭的子弟而不管其学问品质如何，如此使得察举范围越来越窄，被察举者也就大都名不副实。正如教材中所说，察举制考选方式和程序，其形式都以官举士，权操于上，百姓不得参与，民意无从体现，因此封闭的特征必然导致腐败。

东汉时期，为纠正察举荐人之滥，开始注重考试，形成察举与考试相结合的选士制度，而且考试所占比重日益增加。在推荐的基础上加强考试，这是汉代察举制发展的新趋势。

三、微课小结

由于汉代察举制主要是通过推荐与聘任方式任官，未采取公开竞争的方式，导致"察者不明而举非其人"，因此弊端十分明显。今天的干部选拔制度在借鉴察举制"以德取人"的价值取向之外，还兼顾了形式公平与实质公平。

练习题 魏晋时期的九品中正制规定:"州、郡皆置中正,已定其选,择州郡之贤有识鉴者为之,区别人物,第其高下。"其与察举制相比(　　)。

A. 一定程度上减少了选官的随意性

B. 提高了儒生的地位

C. 使社会各阶层流动制度化

D. 打破了政治权威和物质财富等级的世袭

正确答案选 A。

四、微课思考

历史,作为一门古老的学科,它的凝重与时代感,有时让年轻的学子感到无所适从,从而使他们望而却步,未能领略到历史之美。如何让学生们近距离触摸,获得历史魅力之深体验,是历史教师孜孜不倦的追求。本微课围绕察举制作简短说明,意在补充教材中相关内容,联系学生熟悉的历史人物,关联已学知识点,让学生们思考察举制对今天干部选拔制度的影响,从而更系统全面地了解察举制,拉近他们与历史的距离,激发他们探究人类文明的热情与兴趣。

宣政院与理藩院的异同

宁波市鄞州高级中学　余　瑜

一、选题背景

一位热爱思考的学生在学习"行省的设置"一课时产生了一个疑问,令我一时回答不上来。该生发现教材"知识链接"中的"宣政院"的表述为"元代管理全国佛教僧徒和藏族军民政教事务的中央官署",而教材内容却将其描述为两个单列的行政区划之一。那么,宣政院到底是中央机构,还是地方行政区划?这个学生的疑问,让我联想到一个类似的机构——理藩院,清朝在中央设置的主管边疆民族事务的机构。这两个机构有何异同?本堂微课在全面了解宣政院与理藩院的基础上,把这两个机构进行对比,从而得出这两个机构的异同点。

二、微课实录

教师设问

对比元、清时的形势图(略),同学们有没有发现不同之处?

教师讲述

是的,元朝形势图上除了行省这样的行政区划外,还有中书省以及宣政院的标识。清朝疆域图仅有行省的标识。

教师设问

那么,清朝还有管理边疆民族事务,类似宣政院的机构吗?

教师讲述

有的,它就是理藩院。我们不免疑惑,宣政院与理藩院有什么差别?这节微课就主要来回答这个问题。首先,让我们初步了解宣政院与理藩院。

(一)元朝的宣政院

公元 1264 年,元世祖忽必烈在中央设立掌管全国佛教事务和西藏地方行政事务的机关——总制院。公元 1288 年改总制院为宣政院。

材料呈现

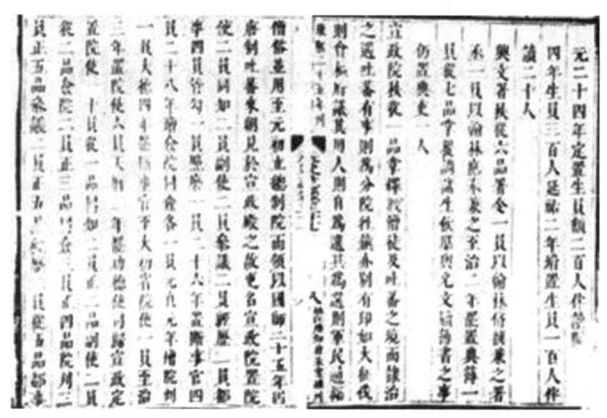

《元史》关于中央政府设立宣政院的记载

宣政院,是中国元朝时期设立的一个直属中央政府管辖的国家机构,负责掌管全国佛教事宜并统辖吐蕃(今西藏)地区的军政事务。其职责主要包括以下几个方面:

(1)负责对西藏地区的军事管理。有关西藏地区的重要军政事务,都必须从宣政院直接发布命令,或由宣政院派官前往当地处理。显示了中央政府对西藏地区的直接统治。

(2)荐举官员。西藏地区各机构中的高级官员的任命由宣政院或帝师荐举。

帝师,"知识链接"中的解释为,主管院事的高级长官,统领宣政院。宣政院长官称"院使",掌握实权,宣政院设"院使"二人。一人由中央政府总理全国政务的右丞相兼领,一人由西藏上层喇嘛教主充任。由于宣政院设在大都(今北京),西藏历任帝师也都在大都供职。

(3)管理驿站。为了加强对西藏地区的管理,陆续在藏区设立了 31 个驿站,驿站负责传送公文,支应过往官员的食宿、马匹等。

(4)负责对佛教事务的管理。宣政院是管理西藏地区佛教事务的最高行政机构。

综上可见,藏族地区是由宣政院直辖管理的。

教师设问

这样的话,边疆少数民族地区都是由宣政院管理吗?

事实上,元朝在边疆的少数民族地区设立宣慰司,以管辖边疆少数民族地区的军政事务。宣慰司是地方行政机构,隶属于宣政院。

其他少数民族地区设宣慰司,不由宣政院统一管理。西藏地区设宣慰司,由宣政院统一管理。

可见,西藏地区颇受统治者的关注与重视。事实上,蒙古政权建立后,吐蕃臣服于蒙古。元统一全国后,西藏地区正式成为元朝的一个行政区域,由宣政院直接管辖,这是元朝统一吐蕃的重要标识。元代皇帝通过宣政院,加上在吐蕃的驻军、驿站等系统,牢牢地控制着吐蕃各地,从此西藏地区正式、完全成为中国的一部分。

(二)清朝的理藩院

材料呈现

清朝大体上采用了两种不同的方式予以治理。一是明故土"内地十八省"的正式郡县制,一是边疆地区军事型或监护型的特殊政区制度。这一治理方式比元代不顾地域差异,一律分置行中书省的办法是一个重要的改进。

——周振鹤《中国地方行政制度史》

面对幅员辽阔的疆土,清朝在以汉族为主的内地,实行由省、府、州、县构成的行省制,总督为地方最高行政长官,巡抚为一省之长,总督、巡抚成为管理数省或一省的最高行政长官,是名副其实的封疆大吏。到乾隆中期,全国18个省共设8个总督、15个巡抚。"八督十五抚"制度一直延续到清末光绪年间。在不同边疆民族地区,实行多样性的特别行政制度,如盟旗制、土司制、驻藏大臣制、驻防将军制、伯克制、驻防都统制等,有效保证了清代边疆地区的稳定。

从秦朝到明朝,历代只设管理少数民族事务的"典客""鸿胪寺卿"等官职。到了清朝,才在中央政府内部设置管理少数民族事务的机构——理藩院。

理藩院原是蒙古衙门,起初只管理蒙古事务,后来随着疆域的开拓,理藩院成为清朝统治蒙古、回部及西藏等少数民族地区的最高权力机构,还兼管对俄罗斯的外交事务。它的主要职能是管理包括喇嘛教、满族贵族与蒙古王公间联姻、各族上层人士到北京或承德避暑山庄朝见皇帝、灾荒赈济、刑法等等一切少数民族事务,以达到清政权对少数民族地区的统治。

材料呈现

1652年（顺治九年），西藏五世达赖喇嘛到达北京，在南苑谒见顺治帝，第二年回西藏前，顺治赐以满、汉、藏三种文字的金册、金印，并封以"西天大善自在佛所领天下释教普通瓦赤喇怛喇达赖喇嘛"称号，这是"达赖喇嘛"正式封号的由来。1713年（康熙五十二年），康熙帝封五世班禅为"班禅额尔德尼"。从此，"班禅额尔德尼"正式成为封号。上述两次册封都是理藩院负责办理的。

理藩院直接受皇帝领导，地位与六部平行，官员只用满族人和蒙古族人。

清统治者通过理藩院实施对各少数民族地区的统治，加强与他们的联系，维护清朝封建国家的统一。理藩院是我国最早的民族事务管理机构，为中华民国时期蒙藏委员会的成立提供了借鉴。

三、微课小结

相同点：都含有负责管理藏区事务的职权。

主要的不同点：

时间——宣政院存在于元朝，理藩院存在于清朝；

功能——宣政院还负责全国佛教的相关事宜，理藩院主管边疆民族事务；

机构设置——宣政院下设宣慰司，理藩院共设旗籍、王会、典属、柔远、徕远、理刑六司和满汉档房、司务厅、当月处、蒙古房、内外馆、银库等机构。

四、微课思考

学贵有疑，小疑则小进，大疑则大进；疑者，觉悟之基也。我们鼓励同学们读书贵有疑。在怀疑、追问的前提下，通过学习找到解决疑问的钥匙，方能洞察历史真相。

义和团运动为何起自山东地区

镇海中学 沈兴伟

一、选题背景

在落实义和团运动的三维目标当中,笔者遇到了两个教学上的瓶颈:一是过于重视知识与技能、过程与方法的培养而忽略了情感教育,使学生陷入了"情感的沙漠",表示义和团运动关我什么事,只要把该背的背住,应付考试就足够了;二是刻意追求情感、态度与价值观的培养,但由于课堂时间有限,操作方法不当等原因,不仅没能让义和团运动走进学生内心,反而滋生出不良的情绪,使学生陷入了"情感的泥沼",表示当时的农民愚昧到难以置信,让人哂笑。这两种都是不良现象,因此,笔者希望利用微课的契机,通过介绍义和团运动为何在山东地区率先爆发,还原一个相对真实的义和团,待学生了解以后,再做出自己的理性判断。

二、微课实录

材料呈现

  义和团揭帖一:不下雨,地发干,全是教堂止住天。

——龚书铎主编《中国通史参考资料近代部分》

教师讲述

不下雨,地发干,本是天灾,关教堂什么事? 19世纪末,山东地区连年干旱,又赶上1898年黄河水患严重,河堤决口,数百万人流离失所,广大农民饱受天灾饥饿之苦,各地涌现抢米风潮。不断绵延的天灾和对死亡的恐慌让人们越来越倾向于从宗教解释中寻求想要的答案：不下雨，地发干是因为神仙发了怒，而神仙发怒的原因是因为洋教在为祸人间。

过渡：19世纪末洋教在山东地区到底激起了怎样的矛盾，以至于朴素的农民群众会产生这样的联系？

材料呈现

劝奉教，乃霸天，不敬神佛忘祖先。

——龚书铎主编《中国通史参考资料近代部分》

教师讲述

洋教和群众的冲突由来已久，1844年中法《黄埔条约》签订后，基督教即洋教以合法的姿态公开在中国传教，势必和民众产生两方面的矛盾，一是教堂，二是教徒。从教堂问题上说，中国人民最珍视土地，基督教传教的过程中，出现了直接把中国的寺庙道观拆毁，改建成天主教堂的现象，激化了与当地民众的矛盾，尤其山东地区人多地少，人地矛盾本身就突出，建教堂更加剧了民教之间的土地冲突；从教徒问题上说，基督教是典型的一神教，具有强烈的排他性，这意味着一旦入了洋教，就不能再信佛儒道，也不能供奉祖先牌位，更不能参与家族的任何祭祀活动，这和中国传统的文化信仰产生了极大的冲突，因此当时中国民众对加入洋教是本能排斥的，而选择加入洋教的中国教徒，确实也有一部分是地痞流氓，他们入教的目的是指望在洋人势力的庇护下，横行乡里，欺男霸女。这本是教徒个人素质问题，跟洋教没有直接关系，但朴素的中国民众是无暇思考这么多的，随着生存环境的日益恶化，他们把矛头对准了洋教，进而指向洋人，又指向西方文明。

由此，我们可以明白，义和团运动爆发的直接原因是：19世纪末，山东地区天灾连年，加剧了民教矛盾。以至于愤怒的民众在一定程度上"妖化"了洋教，把天主教叫作"猪叫"，耶稣是"猪精"，教徒信耶稣即是"鬼拜猪精"，并题道："这畜生乃洋鬼所饭，皮毛未脱；倘人类以天猪为主，颜面何存？"这种"妖化"洋教的现象反映出当时民教矛盾的突出和中西文化的激烈对立。

过渡：在之前的近半个世纪里，基督教和中国传统信仰的矛盾一直存在，天灾也时有发生，为什么偏偏在19世纪末激化了呢？

材料呈现

神助拳，义和团，只因鬼子闹中原。……神爷怒，仙爷烦，伊等下山把道传。

——龚书铎主编《中国通史参考资料近代部分》

教师讲述

甲午战争是近代中国历史上的一次重大的转折点。甲午战争以前，西方列强侵略中国的目的，并非一心想灭亡中国，前两次鸦片战争为的是打开中国大门，把中国卷入资本主义世界体系当中，并在这个过程中攫取更大的特权和利益。然而，甲午战争后，形势发生了重大转变，一方面，日本国力不如中国，却把中国打得大败，中国的国际地位一落千丈，刺激了列强掀起瓜分中国的狂潮，中华民族危机空前严重。另一方面，德国崛起，作为一个后起的资本主义国家，更有争夺海外殖民地的强烈需求，于是德国率先借口山东地区的民教矛盾，派军强占胶州湾，如同开启了潘多拉魔盒，脆弱的利益平衡被彻底打破，帝国主义唯恐落在人后，纷纷在中国划分势力范围，中国真到了亡国灭种的危急关头。

从民众的视角来看，朴实的山东农民发现，德国占了胶州湾以后，自己面朝黄土背朝天耕耘了一辈子的土地，却被一个信了洋教的无赖轻易地夺走了，是可忍，孰不可忍！神发怒，仙发怒，民众朦朦胧胧地感觉到"鬼子"才是问题的真正所在——19世纪末民族危机空前严重，是义和团运动爆发的根本原因。

过渡：那么，该怎么反"鬼子"呢？是刚开始就义无反顾地反洋教，反洋人吗？农民没有这么极端，他们的第一选择往往是告官，但是，告官管用吗？《黄埔条约》规定洋教在中国传教是受地方官保护的，在这样的情况下，民众又该何去何从？

材料呈现

升黄表,焚香烟,请来各等众神仙。……兵法易,助学拳,要扁鬼子不费难。

—— 龚书铎主编《中国通史参考资料近代部分》

教师讲述

义和团反帝最大的凭借,是各式各样的法术,他们认为只要请某位神仙下凡,降临到自己身上,就能刀枪不入,消灭拥有先进火器的洋人也不在话下。这种以降神附体为中心内容的民间信仰,不免有自吹自擂的嫌疑,在一定程度上也确实反映出义和团运动愚昧落后的一面。但如果我们从农民自身的角度来看,这种降神附体的行为,首要的目的是给民众提供某种心理上的安全感,他们力图通过这些神秘仪式从一定程度上打消对未来不确定的恐慌,而这正反映了19世纪末民族危机空前严重的情况下,民众越来越强烈的彷徨和焦虑的情绪。

三、微课小结

19世纪末,帝国主义掀起瓜分中国狂潮,中华民族危机空前严重,加上天灾连年,激化了本已存在的民教矛盾,广大民众在报官无门的情况下,纷纷选择降神附体、法术拳术作为反抗的途径,而这一切在当时的山东地区体现得最为明显。以上几点,是义和团运动为何起自山东地区的主要原因。

四、教学思考

本微课以义和团运动的一则揭帖为切入口,分析了义和团运动为何起自山东地区,可以为学生正确评价义和团运动提供一些材料依托。然而,山东地区主要是义和团运动的早期活动范围,在袁世凯血腥围剿义和团后,山东义和团转移到直隶地区,并迎来义和团运动的高潮。受限于篇幅,本微课对这一阶段的义和团运动未能涉及,可能会造成学生理解上的空白区,希望以后有机会能补充完整。

中国在二战中的作用

镇海中学　沈兴伟

一、选题背景

在分析必修一课本第 41 页"学习思考""为什么说中国的抗日战争是世界反法西斯战争的重要组成部分？"这个问题时，我们喜欢引用一则经典材料：1942 年，罗斯福曾说："假如没有中国……（日本）他们可以马上打下澳洲，打下印度……一直冲向中东，……和德国配合起来，举行一个大规模的夹击，在近东会师，把俄国完全隔离起来，割吞埃及，斩断通过地中海的一切交通线。"这则材料简单直接，形象生动，让学生不由自主感叹："原来中国在二战中竟然这么重要！"但也有爱思考的学生会问："怎么书上找不到相关的史实呢？"确实，教材在讲完 1942 年 1 月，世界反法西斯阵营正式成立，中国战场成为世界反法西斯战争的重要战场后，直接跳到了 1944 年春，敌后抗日军民发起局部反攻，对于 1942—1944 年间中国战场在世界反法西斯战争中起到的具体作用语焉不详，造成部分学生的理解困难。于是，笔者想利用微课的形式对这部分知识加以适当补充，希望能够让学生进一步体会抗日战争的伟大之处。

二、微课实录

材料呈现

材料一　1942 年，罗斯福曾说："假如没有中国……（日本）他们可以马上打下澳洲，打下印度……一直冲向中东，……和德国配合起来，举行一个大规模的夹击,在近东会师,把俄国完全隔离起来,割吞埃及,斩断通过地中海的一切交通线。"

引出问题

中国在二战中到底起到了怎样的作用,以至于让罗斯福如此肯定中国?

教师讲述

(一) 第一阶段:从七七事变到太平洋战争爆发

日本在明治维新后,出于国内状况和战争消耗的考量,很早就制定了所谓的大陆政策。

材料二　日本四面环海,若以海军进攻,则易攻难守。若甘处岛国之境,则永远难免国防之危机,故在大陆获得领土实属必要。如要在大陆获得领土,由于地理位置的关系,不能不首先染指中国与朝鲜。

——日本著名政治家副岛种臣《大陆经略论》

在大陆政策的指引下,日本先后发动甲午战争侵略朝鲜、日俄战争争夺远东霸权、九一八事变侵占中国东北、七七事变全面侵华,一步步实现自己占领中国、称霸世界的野心。而大陆政策的实行,势必会与苏美英等国在远东的利益争夺上产生激烈冲突。由此,先执行北进计划攻打苏联,还是先推行南进计划攻打英美就成了日本军部在二战前讨论的焦点,而无论哪一种方案,都必须建立在顺利侵略中国的基础上。那么,中国会让日本顺利行动吗?

教师讲述

1937年7月7日,卢沟桥事变爆发,日本开始全面侵华,为了加快战争进程,日军兵分两路。一路于8月13日进攻上海,制造"八一三事变",直接威胁南京,国民政府组织了淞沪会战。中国累计参战兵力70多个师,40多万人,日军累计参战兵力12个师团,20多万人。但当时中日两国的国力对比悬殊,淞沪会战持续三个多月,虽终告失败,但打破了日本"三个月灭亡全中国"的狂妄计划。

另一路于淞沪会战期间,南下侵略山西。国民政府组织了太原会战。八路军115师,由师长林彪亲自指挥,配合友军,设伏于平型关,以600人的伤亡代价,歼灭了该旅团的千余官兵,取得抗战以来的第一次大捷。可惜平型关战役胜利了,但是整个太原会战失败了。

太原会战以后,为了进一步加快侵略步伐,连接华北和华东战场,日军采取南北对进的方针,夹击苏北地区,国民政府组织了徐州会战。国民政府第五战区司令长官李宗仁率领中国军队,在台儿庄地区奋战月余,以损失1.95万人的代价,歼灭日军一万多人,取得了抗战以来的最大胜利。可惜的是,虽然台儿庄战役胜利了,但是整个徐州会战失败了。

徐州会战以后,华北华东地区大部沦陷,华中核心城市武汉便成为日军必须攻克,而中国必须死守的焦点,由此,武汉会战爆发,战场遍及安徽、河南、江西、湖北4省广大地区,是抗日战争战略防御阶段规模最大、时间最长、歼敌最多的一次战役,但最后仍以失败告终。

综上所述,七七事变以后,中国进入全面抗战阶段,但彼时二战尚未全面爆发,这一阶段是中国抗日最为艰苦的一段时间。随着抗日民族统一战线形成,中国各方力量团结一致,正面战场的数次抵抗,虽未能抵挡日本侵略步伐,但也消耗了日军大量的有生力量,使日本不能够短期内征服中国,把中国变为它进一步侵略亚太地区的战略基地,反而深陷中国战场不能抽身,一定程度上粉碎和钳制了日本北进计划,遏阻和推迟了日本南进计划,推迟了太平洋战争的爆发,从而为反法西斯国家加强备战赢得了宝贵的时间。

(二)第二阶段:从反法西斯联盟成立到抗战胜利二战结束

1942年反法西斯联盟成立以后,随着战争形势的发展,出现了越来越有利于中国抗战的局面,中国的国际地位也水涨船高,西方国家对中国刮目相看,那么这一阶段中国起到了怎样的作用呢?也许这幅漫画可以帮助大家打开思路。

引出问题

在下面这幅漫画中,中间这个人,写着JAPAN,代表日本,手里举着一张牌子,上面写着BEWARE!I CAN BE VERY DANGEROUS WHEN AROUSED!(你们给我小心了!我是很危险的,前提是我被解放了。)再往下看,这个人脚上被系上了一块大石头,上面写着CHINA,这个人在这块大石头的牵绊下,已经是心有余而力不足了,这有什么寓意?再往画面远处看,一艘美国军舰停在那儿,它和"中国石头"之间又有什么关系?

教师讲述

反法西斯联盟成立以后,中国成为亚洲地区抗击日军的主战场。中国战场起到的作用,不在于打死了多少日军,而在于拖住了多少日军,可能中国战场少有那种扭转战略格局的胜利,但正如这幅漫画中表现的那样,中国战场如同一块磐石,默默无闻却坚韧持久。高峰时期,日本陆军的 80% 力量被牢牢地锁在了中国战场。这在战略上有力地支援了美、英在太平洋战场上的作战,支持和配合了盟国"先欧后亚"大战略的实施。我们可以说,反法西斯联盟是一个整体,每一次盟军大的战略行动背后,都有中国战场的直接或间接支持,十四年抗战,中国军民伤亡人数在三千五百万以上,直接损失达一千亿美元,间接损失不计其数,中国人民为世界反法西斯战争的胜利做出了巨大贡献。

三、微课思考

本微课以反法西斯联盟成立为分界点,分两个阶段阐述了中国抗战对世界反法西斯战争起到的作用,可以作为教材的适当补充,帮助大家更进一步理解抗日战争的伟大之处。本微课更多的只是从战略的角度,对中国在二战全局中的角色做一点皮毛分析,如果能再加上对某些关键战役的具体分析,定能进一步提升学生的兴趣,起到更好的效果。但由于笔者军事知识匮乏,只能留给有能者日后完善了。此外,笔者还有一个不成熟的想法。以中国在二战的角色转变为切入口,起点从九一八事变开始算,分三个阶段:九一八事变 — 七七事变,七七事变 — 珍珠港事变,反法西斯联盟成立 — 抗战胜利二战结束。西方大国对待中国的态度,从"绥靖政策"下的牺牲品,到逐渐看到中国抗战的潜力,再到反法西斯联盟成立后加强对中国的援助,但在讨论战后世界秩序时仍把中国排除在外,甚至为加快战争进程,不惜牺牲中国的利益,体现了大国的强权色彩。

从"人"的角度看解放战争

镇海中学 沈兴伟

一、选题背景

就高中历史教学而言,笔者认为课堂上最能直击学生内心的,是人。具体到《新民主主义革命》这一课,由于篇幅容量巨大,课时教学进度紧张,在高一新授课阶段往往不能充分展开,教学中有意无意间忽略了"人"的因素。如果再具体到"解放战争"这个知识点,由于是新民主主义革命的最后阶段,更容易快马加鞭,落实知识点流于表面。某一次课堂上,学生脱口而出:"刚开始不是敌众我寡吗?怎么一下子解放军就扭转战局、三大决战、南下渡江了?当时中国百姓在干吗?"连珠炮一般的问题一下子把我镇住了,但由于课堂时间有限,只能跟他们说课后咱们再讨论。由此,希望借助微课的形式,带领学生一起,从"人"的角度看解放战争。

二、微课实录

材料呈现 抗战胜利后的普通国军

引出问题 抗战胜利以后,人民有何愿望?

教师讲述

这是当时一位普普通通的国军士兵,我们仔细观察一下会发现,他的喜悦是发自内心的,疲惫是刻在脸上的,希望是停在背上的,最简单的行囊,伴着的是对故乡

的深深思念,这就是抗战胜利以后,中国普通百姓最真实的写照。饱受战乱之苦的中国人民,最渴望的是和平与民主,谁也不想再打仗了。

然而,人民的愿望在当时能实现吗?

不能,蒋介石领导下的国民党政权,在抗战胜利以后,以"反共"为口号进一步加强了集权统治,和平民主建国的道路遥遥无期,终于走上了内战的道路。

材料呈现　我送亲人过长江

引出问题　解放战争中,人民会支持哪一方?

教师讲述

在闻名遐迩的渡江战役中,把数以百万计的解放军渡过长江的,并不是现代化的铁甲战舰,而是普通的简陋的小舢板。这张照片中一下子抓住我们眼球的,除了蓄势待发的解放军战士,还有一个身材单薄的大辫子姑娘,她正在奋力划桨,尽管只是一个简单的背影,但她的动作和力度,直击我们的内心,这位大辫子姑娘名叫颜红英,是一位居住在长江边上的普通老百姓,几年前记者在采访她的时候,她回忆说:"当年,我19岁,妹妹17岁。渡江用了个把钟头,划船的时候炮弹很多,我的脸被弹片划伤了,耳朵也听不见了,船上的解放军问我:'你怕不怕?'我说:'我不害怕,我要送你们过江到前方打胜仗。'"

从中我们可以明白,解放战争中,广大人民群众是站在共产党一边的,他们把共产党看成亲人。那么我的下一个问题也随之而来。

材料呈现　解放区的农民

引出问题　为什么解放战争中,人民群众会支持共产党?

教师讲述

1947年,在解放战争初期,中国共产党就决定在解放区进行土地改革,没收地主土地,实行耕者有其田。经过一年多的斗争,解放区一亿多农民分到了土地,在政治和经济上翻了身,这极大地激发了农民革命和生产的积极性。

与之形成鲜明对比的是,国民政府对农民问

题的处置不当。在国民政府眼里,农民即使数量再多,也不会是左右局势的关键性力量,他们既然看不到农民这个群体中蕴含的巨大力量,也就没有尝试去发动农民。相反,就是在这个被忽略的领域里,中国共产党有着丰富的革命经验,他们坚信在半殖民地半封建社会的中国,团结农民阶级,走农村包围城市,武装夺取政权的道路有存在的合理性和成功的可能性。最终,被成功发动起来的农民群众,在解放战争中给予了中共极大的援助。

据统计,在关键性的三大战役中,支援前线的农民群众达880余万人次,出动的大小车辆141万辆,担架36万余副,牲畜260余万头,粮食4.25亿公斤。在各大战场上,奔流着一支默默无闻但却坚韧异常的群众大军,他们依靠原始落后的工具,给前线的战士们输送着源源不竭的物资援助。正如华东野战军司令员陈毅所说:"解放战争的胜利,是人民群众用小车推出来的。"广大人民群众的支援,有力地保证了战略决战的胜利,充分显示了人民群众的巨大威力。

那么,人民群众心甘情愿支持的解放军是一支怎样的队伍呢?

材料呈现　解放军露宿上海街头

引出问题　从下图可以得出哪些历史信息?从这些信息中得出哪些结论?

教师讲述

上海,是国民政府的经济中心,也是南京的门户。上海的解放,说明解放战争已经接近尾声。

作为占领军的解放军,竟然选择在街头露宿,而且并非个别战士的个人行为,而是成规模有组织的部队集体行动,我们有理由推测,这应该是解放军接到了来自上级的命令,而且这个看似不近人情的命令被严格执行了,说明这个部队军纪严明。

从更深层次的角度考虑,上级命令解放军这样做,实际上是为了被解放的上海市民考虑,尽量不打扰他们的正常生活。这个看似对解放军不近人情的命令,背后蕴含着的是中国共产党对于人民群众的深情,这从一个侧面验证了一句话,"得民心者得天下"。

三、微课思考

从"人"的角度看解放战争,有利于拓宽和增加这块知识点的广度和厚度,为学生理解"人民群众是历史的创造者和推动者"提供了一种新思路。然而,在新民主主义革命中，人民群众的选择也是一个与时俱进的过程，受限于篇幅，本节微课更多着眼于抗战胜利后的这个阶段，广大人民群众的所思所想和由此导致的解放战争中他们选择的立场，与前面部分的历史关联不大。因此，笔者权当抛砖引玉，希望有兴趣的老师能够制作一个微课，完整梳理一下新民主主义革命中，人民群众在不同时期的选择和立场，相信更能帮助学生理解。

"新民主主义国家"的短暂命运

宁波中学　黄　鸿

一、选题背景

教材中提到中国是新民主主义国家,学生对此感到很疑惑:"新民主主义国家是一种怎样的国家形态?为什么不马上建立社会主义国家?"而"新民主主义"这个术语在教材中多次出现,但又没有准确的解释。因此有必要梳理一下新民主主义国家的概念,从而帮助学生理解新中国成立初年的国家形态,建立起完整的知识框架。

二、微课实录

材料呈现

在历史必修一教材第45页对新中国的国家性质有如下表述:

材料一　中华人民共和国为新民主主义即人民民主主义的国家,实行工人阶级领导的、以工农联盟为基础的、团结各民主阶级和国内各民族的人民民主专政。

——《中国人民政治协商会议共同纲领》(1949年9月29日)

但是在教材的第66页对新中国的国家性质是这样表述的:

材料二　中华人民共和国是工人阶级领导的、以工农联盟为基础的人民民主国家。

——1954年《中华人民共和国宪法》第一章第一条

教师设问

从字面上看,这两种表述有什么区别?

教师讲述

最主要的区别在于前者明确指出新中国是新民主主义国家,后者则确认新中国为人民民主国家,不再提新民主主义国家。其次,后者也没有再提团结各民主阶级。

对此,想必同学们心中已经有了不少疑问。

1. 为什么要建立新民主主义国家?

同学们还记得前一课的标题吗?——"新民主主义革命"。

新民主主义论是毛泽东对马克思主义中国化的理论创造[1],毛泽东的"新民主主义论"包括"新民主主义革命论"和"新民主主义社会论"这样两个密不可分的组成部分。[2]

在毛泽东的理论体系中,新民主主义革命时期跨度整整30年,这场革命开始和胜利的标志是什么? 1919年的五四运动是其开端,到1949年新中国成立则意味着我国取得了新民主主义革命的伟大胜利。这30年的革命任务是在中国共产党的领导下,团结全国各族人民,推翻帝国主义、封建主义、官僚资本主义三座大山,建立新中国。

教师设问

那么新民主主义革命胜利后,为什么不马上开始建立社会主义国家,而是要走向新民主主义社会,建立新民主主义国家? 我们先来看看毛泽东的理论设想。

毛泽东认为中国社会在新民主主义革命胜利之后,可以经过相对独立发展的新民主主义社会的建设阶段,再过渡到社会主义社会。

根据材料三,分析为什么要建立新民主主义国家。

材料呈现

材料三 只有经过民主主义,才能到达社会主义,这是马克思主义的天经地义。而在中国,为民主主义奋斗的时间还是长期的。没有一个新民主主义的联合统一的国家,没有新民主主义的国家经济的发展,没有私人资本主义经济和合作社经济的发展,没有民族的科学的大众的文化即新民主主义文化的发展,没有几万万人民的个性的解放和个性的发展,一句话,没有一个由共产

---

[1] 新民主主义一词最早出现是在1939年6月。但在党的文件中公开论述则在1939年12月发表的《中国革命与中国共产党》中;进一步展开并系统论述是在1940年1月的《新民主主义论》中;1944年之后在抗战后期及抗战结束前又被进一步详尽和发展为《论联合政府》。见毕彩云《毛泽东新民主主义国家理论研究》(2011年吉林大学博士论文)。

[2] 于光远:《〈新民主主义论〉的历史命运:读史笔记》,长江文艺出版社,2005年,第11页。

党领导的新式的资产阶级性质的彻底的民主革命,要想在殖民地半殖民地半封建的废墟上建立起社会主义社会来,那只是完全的空想。

——1945年毛泽东《论联合政府》

中国是半殖民地半封建社会,这种历史特点和时代环境要求先建立新民主主义社会,才有可能过渡到社会主义社会。

2.新民主主义国家有什么特征?

让我们从经济、政治、文化三方面了解新民主主义国家的特征。

观察材料四,归纳新民主主义国家的经济特征。

材料呈现

材料四

1952年各种经济成分在国民收入中的比重

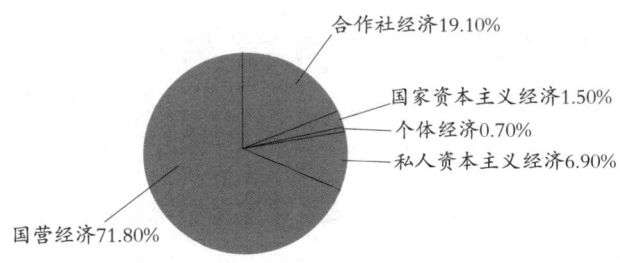

①经济特征:从所有制结构来看,新民主主义国家是一种混合所有制社会。国家承认资本主义私有制以及农民私有制,但在竞争中社会主义经济成分逐渐取得胜利。

教师设问

请同学们阅读材料五、六,谈谈对政治方面特征的看法。

材料呈现

材料五

新中国成立时中央人民政府的人员构成表(单位:人)

职务称谓	中共党员	非中共人士	总计
主席、副主席	4	3	7
中央人民政府委员	29	27	56
政务院总理、委员、正副秘书长	12	14	26
政务院下属行政机构主要负责人	51	42(14人正职)	93
最高人民法院院长和最高人民检察署检察长	1	1	2

材料六　1954年主席、副主席、总理、副总理、最高人民法院院长和最高人民检察署检察长都是中共党员。

——以上数据根据罗平汉《关于新民主主义社会与社会主义初级阶段的差异》整理

②政治特征:中央人民政府具有中国共产党领导且多党合作的联合政府性质。而社会主义初级阶段,中国共产党领导的多党合作与政治协商虽然是一项基本的政治制度,但中央人民政府并不具有联合政府的性质。[1]这是既区别于资产阶级专政国家又区别于无产阶级专政国家,具有过渡性质的第三种国家性质。

此外,新民主主义社会是阶级社会,阶级矛盾仍是社会的主要矛盾。中国尚存在两种基本矛盾。第一种是国内的,即无产阶级与资产阶级的矛盾。第二种是国外的,即中国与帝国主义国家的矛盾。[2]

材料呈现

材料七　毛泽东说:新民主主义的文化,"应该是'为一般平民所共有'的,即是说,民族的、科学的、大众的文化,决不应该是'少数人所得而私'的文化";"民族的,就是它是反对帝国主义压迫,主张中华民族独立的带有中华民族特性和形式的文化","科学的,就是它是反对一切封建思想,主张实事求是,主张理论和实践相一致的","大众的,就是它是为工农民众服务的"。

——毕彩云《毛泽东新民主主义国家理论研究》

教师讲述

③文化特征:强调民族性、科学性,特别是大众性。

总之,新民主主义国家是一个承担社会主义革命转变任务并担负领导社会主义革命取得胜利的国家制度保障,具有过渡时期的特征。[3]即经济落后国家的无产阶级在取得政权后必须经历一个充分发展经济、为社会主义革命奠定生产社会化基础的阶段,然后才能进行社会主义革命。[4]

---

[1] 罗平汉:《关于新民主主义社会与社会主义初级阶段的差异》,《党史研究与教学》2007年第3期,第16页。

[2] 金春明:《试析社会主义初级阶段与新民主主义之异同》,《教学与研究》2001年01期。

[3] 毕彩云:《毛泽东新民主主义国家理论研究》,2011年吉林大学博士论文,第101页。

[4] 武力:《新民主主义社会提前终结的历史分析》,《党史研究与教学》2003年第3期,第29页。

3. 新民主主义国家为什么提早终结了？

材料呈现

材料八　20年后，我们工业发展到一定程度，看其情况进入社会主义。

——毛泽东（1949年7月4日）

（向社会主义过渡）少则十年，多则十五年，二十年恐怕不要。

——刘少奇（1951年7月）

教师讲述

从新民主主义国家进入社会主义社会本来有一二十年的过渡期，中央采取的策略是"先建设后转变"，到条件成熟了，便采取大规模建设社会主义的措施，一步到位，进入社会主义社会。

但是到了1952年9月24日的中央书记处会议上，毛泽东认为我们现在就要开始用10年到15年的时间基本上完成向社会主义的过渡，而不是10年或15年以后才开始过渡。1953年6月毛泽东在政治局会议上正式提出了"过渡时期总路线"，否定了新民主主义经济体制的相对稳定性。

1949年至1956年应划分为两个阶段：1949—1952年为真正的新民主主义社会时期，但是从1953开始，直到1956年，则可以看作新民主主义向社会主义过渡时期。

教师设问

为什么中央会提前转变？

材料呈现

材料九　当1953年我国转入大规模经济建设以后，大量投资涌入重工业和国防工业，……于是，苏联曾经遇到的个体经济（农民）和市场机制与这种工业化之间的矛盾在中国重演，即靠市场调节不能保障高速优先发展重工业和迅速建立完整工业体系。

——武力《新民主主义社会提前终结的历史分析》

1952年9月毛泽东在中央书记处会议上明确讲：工业中国营资本已占到67.3%，商业零售中也占到了40%，国营经济，即社会主义的经济力量已经取得了优势的和主导的地位……

——杨奎松《毛泽东为什么放弃新民主主义》

原因：中国共产党深受苏联影响，为迅速改变工业基础极为薄弱的局面，选择了快速优先发展重工业的赶超战略，社会主义经济成分发展迅速并取得了主导地位。此外还有人民对社会主义的急切向往，对农村出现贫富分化的担心，对资本主义经济负面作用的害怕等因素。

三、微课思考

本问题时间跨度虽不长，但教学难度相对较大。因为该问题较为理论化，牵涉范围广——涉及对新中国成立初期我国各方面的全方位思考，学生的知识储备不足。通过教师引导后，学生对新中国初期的国家形态有了较为全面的了解，为学习社会主义建设相关知识打下了基础。

从"毛主席"的地位变化看中国革命的演变过程

宁波中学　黄　鸿

一、选题背景

毛泽东是中国近现代史上的核心人物,把握毛泽东的地位变化过程有助于学生深入理解中国革命的演变过程。但是对毛泽东地位的演变,教材中语焉不详,学生在学习中又很感兴趣,所以有必要做个细致的梳理,不仅以此帮助学生建立对毛泽东的完整印象,更有利于学生理解历史知识中的关键性事件。

二、微课实录

材料呈现

　　材料一　中国共产党中央委员会主席、中国共产党中央军事委员会主席、中国人民政治协商会议全国委员会名誉主席毛泽东同志……逝世。

——1976年《告全党全军全国各族人民书》

教师讲述

"毛主席",大家都很熟悉这样的称呼,但是"主席"一直都是指材料中的这些职务吗?毛泽东又是如何一步步成为"主席"的?这是接下来我们要剖析的内容。

1. 从大革命失败到长征前夕:毛泽东地位的变化。

从大革命失败到遵义会议,中共中央实际上的最高负责人依次为瞿秋白(1927—1928)、李立三(1928—1931)、王明(1931)、博古(1931—1934)。毛泽东则是根据地的主要军事领导人。

毛泽东在八七会议上被选为临时中央政治局候补委员,但1927年底即被撤职。八七会议后,毛泽东作为中央特派员到湖南改组省委并领导湘赣边界秋收起义。1928年4月毛泽东任工农红军第四军党代表和军委书记。1930年已经担任中国工农红军第一方面军总前委书记的毛泽东被增选为政治局候补委员,他的党内地位有所上升。这一时期,毛泽东作为中共重要的军事领导人、红军最大的根据地——赣南闽西根据地最高领导人而蜚声中外,他的主要活动都是围绕军事展开的。1931年11月中华苏维埃共和国临时中央政府宣布成立,毛泽东被选为临时中央政府主席。这是"毛主席"这一称呼的渊源。

材料呈现

材料二 1932年底,国民党发动第四次"围剿",这时,由于毛泽东对"夺取中心城市"方针采取消极怠工进行抵制而受到排挤,被撤销了红一方面军总政治委员职务,到福建养病,他逐渐丧失对红一方面军的实际控制力。1933年初中共临时中央政治局迁入中央根据地,博古、李德逐渐掌控红军。1934年1月的中共六届五中全会进一步架空了毛泽东,博古、张闻天、周恩来、项英当选为中央政治局常委。毛泽东缺席当选为政治局委员,但无实权。随后,毛泽东担任的政府主席一职被分割为人民委员会主席和中央执行委员会主席两职,由张闻天担任人民委员会主席。

——据金冲及《毛泽东传》整理

材料三 到长征前夕,毛泽东已被完全排挤出核心决策层,所有的决定都只产生于博古、李德、周恩来三人之间。

——据杨奎松《中间地带革命》整理

教师设问

材料二、三反映了什么? 1932年底以来毛泽东虽有"主席"头衔,但逐步被剥夺实权,被排挤出中央决策核心。

那么毛泽东的地位再次发生变化是什么时候呢? 遵义会议。

教师讲述

2. 遵义会议与毛泽东地位的变化。

教材中有这样的表述:"遵义会议在事实上确立了以毛泽东为核心的党中央的正确领导。"如何理解这句话? 让我们结合历史文献简要分析当时中央领导的地位。

材料呈现

材料四 扩大会最后作了下列的决定:(一)毛泽东同志选为常委。(二)指定洛甫(张闻天)同志起草决议,委托常委审查后,发到支部中去讨论。(三)常委中再进行适当的分工。(四)取消三人团,仍由最高军事首长朱周为军事指挥者,而恩来同志是党内委托的对于指挥军事上下最后决心的负责者。……扩大会完毕后中常委即分工,以泽东同志为恩来同志的军事指挥上的帮助者。……在由遵义出发到威信的行军中,常委分工上,决定以洛甫(张闻天)同志代替博古同志负总的责任。

—— 陈云在遵义会议召开后所写的《遵义政治局扩大会议传达提纲》

教师讲述

教材中"事实上"的表述就意味着表面上毛泽东还不是党中央的核心。毛泽东在遵义会议上从政治局委员上升为政治局常委,进入权力核心圈子,但他并不是党中央的核心。军事最高指挥者是周恩来,会后毛泽东成为周恩来的助手,党中央最高负责人则是张闻天。如果进行一个地位排序,从高到低依次是张闻天、周恩来、毛泽东。所以,如果直接说遵义会议"确立了以毛泽东为核心的党中央的正确领导"是违背事实的,这是教材中"事实上"表达的背景。

3. 遵义会议后毛泽东逐渐树立起在全军全党中的领导地位。

材料呈现

材料五 遵义会议后一直都是张闻天负责召开和主持中央会议,实施对全党的组织领导,在重大决策中发挥着为首的作用,"履行着名副其实的总书记职责,并不是什么'名义的领袖'。"

—— 据何方《何方谈史忆人:纪念张闻天及其他师友》整理

教师讲述

1935年3月苟坝会议决定由周恩来(组长)、毛泽东、王稼祥三人组成军事指挥小组,这仅是一个负责指挥红一方面军的临时性机构,在职务上,毛泽东在周恩来之下,周恩来还担任红军总政委一职。而且毛泽东的指挥甚至还被林彪等人质疑,军内地位并不稳固。但在长征过程中随着毛泽东军事才华的充分展现,他的军内地位也在日益提升和稳固。1937年8月,洛川会议召开,决定成立中国共产党革命军事委员会,毛泽东担任中央军委主席,朱德、周恩来为副主席。至此确立了毛泽东在红军中的领导地位。

中共坚持党指挥枪的原则,洛川会议还不能说确立了毛泽东对全党的领导。

在 1938 年召开的中共六届六中全会上,毛泽东的领导地位得到了共产国际的支持和确认,毛泽东第一次在党中央的会议上代表中共中央做政治报告,由此实际上确立了他在全党的领导地位。但就形势而言,中共六届六中全会其实还没有能够从根本上解决毛泽东的领袖名义问题。张闻天仍然是总书记,但是他已经逐渐把权力移交给毛泽东了。此后通过延安整风运动,毛泽东肃清王明在党内的思想政治影响,树立了毛泽东路线的正确性,极大地巩固了个人的领导地位。1943 年 3 月,中央政治局会议正式推选毛泽东为中央政治局主席、中央书记处主席。毛泽东领导地位在职务上或者说在形式上的确认得以解决。中共七大上,毛泽东的领袖地位和毛泽东思想的指导地位第一次被载入了党章。毛泽东地位的合法性最终得以圆满确认。毛泽东成为中共最高领袖。

新中国成立后毛泽东一直都是中共中央主席、中央军委主席。他在 1949—1954 年担任过中央人民政府委员会主席,在 1954—1959 年担任国家主席,此后不再担任国家职务。

三、微课思考

本节微课从毛泽东在中国共产党内的地位的演变角度重新审视教材中的知识,提供另外一个视角看历史,也使学生明白不能孤立地看待历史事件。而学术新观点的引入有助于创造一个让学生"愿学""乐学"的思维环境。我们的历史教育应该不断地接受新的史学研究的结论,倡导勇于求真,敢于质疑的教育精神,这也符合新课改不断深入发展的要求。

中美正式建交迟缓的原因

宁波中学　黄　鸿

一、选题背景

"1972年中美建交"——这是学生答题中一个非常常见的错误。"中美关系开始正常化""中美建交",这两个事件学生很容易混淆,因此有必要厘清中美关系演变,从而帮助学生正确区分这两个事件。其次,勤学善思的同学往往会有这样的疑问:为什么尼克松访华七年后中美才建交?所以说,解决了这个问题,不管对哪个学习层次的学生都有意义。

二、微课实录

材料呈现　两份《人民日报》的照片

有两份《人民日报》分别报道了当时发生的中美外交大事。请同学们仔细观察照片,仅从内容上看,你是否能够判断出以上两张报纸的出版年份?请说明理由。

左图是1978年的报纸,反映的是中美正式发布建交公报。右图是1972年的报纸,报道的是美国总统尼克松访华。

教师讲述

接下来我们具体了解一下从1972—1979年间的中美关系发展历程。

材料呈现

材料一 中美关系大事年表(1972—1979)

1972年2月21日—28日,美国总统尼克松访问中国。中美在上海发表联合公报,即《上海公报》(中美第一个联合公报)。

1973年5月1日,中美两国在对方首都设立的联络处开始工作。

1975年12月1日—5日,美国总统福特访华,毛泽东主席会见福特总统。

1978年12月16日,中美发表《中美建交公报》。

1979年1月1日起中美互相承认并建立外交关系。3月1日互派大使,并在对方首都建立大使馆。

教师讲述

材料一反映了什么?

中美关系自20世纪70年代以来逐渐改善,但是正式建交进展缓慢。

具体而言,1972年尼克松访华,发表《上海公报》,中美关系开始走向正常化,但两国关系正常化的进程却并不平坦,直到1979年两国方正式建交。其间,毛泽东和周恩来相继于1976年逝世,美国总统也换了两任。

教师设问

为什么中美建交拖了这么长的时间？中国方面迫于苏联威胁，比较急切想和美方建交,中美建交拖延了七年,原因主要在美方,从某种意义上说美方掌握了主动权。

接下来,让我们分析一下影响中美正式建交的诸多因素。

首先,我们来阅读两段材料。

材料呈现

台湾问题与中美建交

材料二　1977年4月15日,(美国国务卿)万斯在给总统的备忘录中写道:"……关于正常化本身,我并不认为我们应当如此急迫地去建立与北京的外交关系,以致损害台湾人民的福利与安全。我们也不要人为地去设定最后期限。"

——据陶文钊《美苏缓和与中美建交》整理

材料三　1977年8月24日下午,邓小平会见来访的美国万斯国务卿,……他指出:我们多次说过,要实现中美关系正常化有三个条件:废约、撤军、断交,……。现在是要美国下决心。你们这个方案,第一,是要我们承担不用武力解放台湾的义务;第二,你们提出不挂牌子的大使馆……我们对这个方案是不能同意的。……台湾问题是中国的内政,别人不能干涉。

——据罗燕明《一波三折的中美建交》整理

教师讲述

材料二、三表明中美关系深受哪个因素影响？台湾问题。

台湾问题不仅是双方谈判时关注的焦点,也是影响中美建交进程的关键问题。在台湾问题上,美国国内政治有很强的制约作用,美国国会和民众支持台湾的声音比较强烈。美国企图不放弃台湾这个老朋友,以维护美国在盟国中的威信,并弥合美国保守主义与自由主义的分歧。时经七年,美国的这一政策在中国政府捍卫国家独立主权的坚定立场面前,一再碰壁,幻想终于破灭,才不得不下决心,接受中国"三原则"。

中美关系不仅和台湾问题密切相关,也深受国际大环境影响。请看材料四。

材料呈现

美苏关系与中美建交

材料四　1972年5月下旬,尼克松在访问中国后3个月访问了苏联,美苏两国领导人达成了《反弹道导弹条约》等一系列协议。从此,开始了美苏关系缓和的时期。相形之下,这种缓和比中美关系正常化的进程更具实际内容,对美国具有更现实的战略意义。1973年6月中下旬,勃列日涅夫回访美国,美苏达成《关于防止核战争》等文件。尼克松辞职后,继任总统福特(Gerald Ford)于1974年11月赴海参崴,与勃列日涅夫会谈,并发表了《关于进攻性战略武器的联合声明》。美苏缓和在这两年中取得了相当的进展。

——据陶文钊《美苏缓和与中美建交》整理

教师讲述

材料四表明中美关系受到哪个因素影响?美苏关系。

美方把中美建交问题放在美苏中大三角关系上来考虑,在美国的全球战略中,对华政策仍然是从属于对苏政策的。美苏争霸促使了中美和解,中美和解又反过来促使了美苏关系的缓和,而美苏关系缓和则使中美和解的紧迫性对于美国来说相对减弱,因而延缓了中美关系正常化的进程。到了70年代末,苏联扩张加剧,面对这种情况,美国不得不加快中美建交进程。

材料呈现

其他因素与中美建交

材料五　十一年前当我们对中国采取主动行动时,美国有很多人表示反对,因为他们反对任何形式的共产主义。

——尼克松《真正的战争》

材料六　1973年11月,基辛格第六次访华……双方宣布继续努力扩大联络处的工作范围,……但这一进程,由于1973年11月以后美国统治集团内部矛盾尖锐,发生水门事件,而被延迟下来,尼克松也于1974年8月被迫辞职。

——谢益显《中国当代外交史》

材料五、六反映了哪些因素对中美建交的阻碍?

中美建交受到两国意识形态的冲突以及美国国内政治因素的影响。

综上所述,中美正式建交迟缓是诸多因素相互作用的结果。

三、微课思考

本节微课涉及的中美关系是世界上最重要的双向关系之一,该问题有着强烈的现实性,也能激发学生的好奇心与兴趣。对本问题的探究,有助于培养学生宽广的历史视野,增强学生的世界意识,学会把中国问题放在全球视野下考察。

梭伦改革的内容及作用

慈溪市三山高级中学　周玲娟

一、选题背景

梭伦改革为雅典民主政治的确立奠定了最初的基石,该问题所涉及的内容是《卓尔不群的雅典》一课的重点内容,需要学生全面掌握梭伦改革的背景、内容、评价等知识点。全面深刻理解梭伦改革的内容有利于学生正确评价梭伦改革,也有利于学生理解雅典民主政治确立的曲折过程。

二、微课实录

教师讲述

雅典国家形成之初,贵族垄断一切大权。平民受到贵族的压迫,无法真正参与国家政权;经济上,由于贵族的盘剥而还不起债务的人就沦为债务奴隶,造成平民与贵族的矛盾日益尖锐。同时由于雅典工商业的发展造就了一批新兴工商业阶层,他们有钱而无权,也不满贵族专权。所以,平民和工商业者在政治上就站在一起反对贵族专权,要求发展城邦民主政治。面对日益尖锐的社会矛盾,出身贵族的执政官梭伦主张以改革的方式缓和社会矛盾。梭伦改革的措施主要分为经济和政治两方面。

经济上的第一项措施是颁布"解负令"。"解负令"是指将由于贵族盘剥而沦为债务奴隶者的雅典公民一律解放,同时永远禁止放债时以债务人的人身作担保。由此可见"解负令"保障了公民的人身自由,扩大了公民的基础,从而促进了雅典民主政治的发展。注意"解负令"解放的仅仅是因贵族盘剥而沦为奴隶的债务奴隶,并不是解放所有的奴隶。来源于奴隶市场、海外掠夺或战争俘获的非债务奴隶在梭伦改革后仍然大量存在。

材料呈现

　　材料一　梭伦发展工商业的措施:①奖励国外技工迁居雅典,对携眷移民给予公民权;②雅典公民必须让儿子学一门手艺,否则儿子可拒绝赡养其父;③对度量衡和币制进行改革,使雅典更好地开展对外贸易。

——吴于廑,齐世荣《世界史·古代史编》

教师讲述

　　梭伦改革在经济上的第二项措施,颁布了一系列促进工商业发展的政策。例如鼓励国外技工迁居雅典,要求雅典公民学一门手艺,对度量衡和币值进行改革等等,这些措施不仅促进了雅典农业和工商业的发展,也促进了雅典对外贸易的发展。同时增加了下层平民的就业机会,也突出体现了工商业奴隶主的要求。梭伦改革通过这些经济措施壮大了雅典城邦实力,为雅典城邦的振兴与富强开辟了道路,使雅典成为古代希腊最繁荣的工商业城邦。

　　梭伦改革在政治上的第一项措施是确立财产等级制。

材料呈现

　　材料二　梭伦改革的一项重要措施规定,根据每年谷物收入,雅典公民被分为四个等级,并担任相应官职:

　　第一等级:500麦斗以上称为"五百麦斗级",可任执政官、司库。

　　第二等级:300麦斗以上称为"骑士级",可任执政官。

　　第三等级:200麦斗以上称为"牛轭级",只能任低官。

　　第四等级:200麦斗以下通称"日佣级",与一切官职无缘。

教师讲述

　　从材料可以看出,收入多的第一、第二等级的公民可以担任执政官、司库等高级官职。收入低的第三等级只能任低级官职,而收入最少的第四等级与一切官职无缘。梭伦改革按每年收入多少将雅典公民划分为四个等级,用财产等级代替原有的血缘等级,削弱了贵族特权,使平民的政治权利得到了提升。财产等级制使工商业奴隶主获益最大,他们凭借财产优势参与国家政权管理,扩大了雅典奴隶主统治的阶级基础。但是收入最少的第四等级与一切官职无缘,说明大多数公民参与政治生活仍然受到了财产的限制。

梭伦改革在政治上的第二项措施是设立四百人会议。这四百个人是由四个部落各选一百人组成，但第四等级不得参选四百人会议，其他等级公民都可当选。恢复公民大会作为最高权力机关，设立四百人会议作为公民大会的常设机构，打破了贵族对国家政权的世袭垄断，一定程度上确保了公民参与国家事务的政治权利。

梭伦改革在政治上的第三项措施是设立公民陪审法庭，负责审理全国的案件。陪审法庭作为雅典最高法院，其法官由各级公民通过抽签任职。这使司法权扩散到了平民手中，打破了原先贵族对司法的垄断。

梭伦改革通过政治上的一系列措施动摇了贵族专制统治，奠定了雅典城邦民主政治的基础。梭伦改革的这些措施有没有达到预期的目的呢？

材料呈现

> 材料三　我所给予人民的适可而止，他们的荣誉不减损，也不加多；即使那些有势有财之人也一样，我不使他们遭受不当的损失；我手执一只大盾，保护两方，不让任何一方不公平地占据优势。……我所制定的法律，无分贵贱，一视同仁。
>
> ——梭伦

教师讲述

从材料可以看出，梭伦想要推行的是既不迁就贵族，也不偏袒平民的中立政策。在这一政策的指导下，梭伦改革促进了雅典工商业的发展，壮大了雅典城邦实力，为雅典城邦的振兴与富强开辟了道路。通过改革改变了贵族专权局面，一定程度上确保了公民参与国家事务的政治权利，奠定了城邦民主政治的基础，为雅典民主政治走向繁荣奠定了第一块基石。

但在中立政策的指导下，下层公民并没有享有充分的政治权利，贵族仍享有较多政治权利和特权。财产等级制使第四等级无法享有担任政府官职和参选四百人会议的权利。因此改革的结果没有使平民和贵族的矛盾得到根本解决，未能彻底化解社会矛盾。雅典民主政治的确立还需要不断地发展完善。

三、微课思考

从政治、经济两个方面深刻理解梭伦改革的内容及其作用，有助于更好地对其进行评价，也为接下来学习克里斯提尼改革、伯里克利改革奠定了基础，从而使学生更好地理解雅典民主政治确立的曲折而艰难的历程。

如何理解雅典民主政治造就了"盛世雅典"

慈溪市三山高级中学　周玲娟

一、选题背景

教材对雅典民主政治所造就的"盛世雅典"只作了概括性的陈述："雅典民主政治促使国家经济、政治获得了空前的繁荣。"而这部分历史事实是距离现实较为遥远的西方古代历史,这对学生的理解造成了一定的难度。课后有许多学生想知道雅典民主政治所造就的"盛世雅典"到底是怎么样的,雅典民主政治与"盛世雅典"到底有什么样的关系。

二、微课实录

教师讲述

雅典最为引人注目的无疑是它的民主制度,在这一制度环境下,产生了无数的光辉历史:有引人注目的全民参与政治的制度,有当时最为发达的商业、手工业,还有至今依然耀眼的苏格拉底等人的思想碰撞。可以说,雅典民主政治造就了当时的"盛世雅典"。

首先,雅典民主政治调动了公民参与国家政治事务的积极性,促使雅典国家的政治获得了空前的繁荣。雅典民主政治在伯里克利时期达到鼎盛,伯里克利曾骄傲地宣布："雅典是全希腊的学校。"

材料呈现

1.政权把握在全体公民的手中。

2.公民在法律上是平等的。

3.才能是担任公职的先决条件。

4.每个公民都关心国家事务,国家事务充分讨论,民主决策。

—— 伯里克利

教师讲述

雅典通过公民大会使"政权把握在全体公民的手中",可见雅典民主政治的基础是主权在民。雅典设立陪审法庭、使用陶片放逐法监督官员,使"公民在法律上人人平等"。十将军通过选举产生,体现了"才能是担任公职的先决条件"。除十将军外所有官职向所有等级的公民开放,且由抽签产生,使雅典民主政治取消了财产和等级限制,从而使公民权利得到了充分的体现。公民大会上每位公民都有发言权和表决权,每个公民都关心国家事务,国家事务经过充分讨论,做出民主决策。这种全民参政的民主政治调动了公民参与国家政治事务的积极性,促使雅典国家政治获得了空前的繁荣。

教师讲述

其次,雅典民主政治的成熟带来了雅典思想文化的繁荣,涌现了大批文化巨匠。雅典民主制度使公民获得个性自由,不畏权威,敢于发表言论,铸就了希腊人渴求知识、乐于探究的民族性格,进而促进了雅典在众多文化领域都取得了辉煌的成就,产生了诸多文化巨匠,对人类文明的发展产生了巨大而深远的影响。例如我们所熟悉的苏格拉底、柏拉图、亚里士多德等。

材料呈现

苏格拉底、亚里士多德图片(略)

教师讲述

在苏格拉底以前,希腊的哲学主要研究"宇宙的本源是什么","世界是由什么构成的"等问题,后人称之为"自然哲学"。苏格拉底认为再研究这些问题对拯救国家没有什么现实意义。出于对国家和人民命运的关心,他转而研究人类本身,即研究人类的伦理问题。如"什么是国家","具有什么样品质的人才能治理好国家","治国人才应该如何培养"等等。后人称苏格拉底的哲学为"伦理哲学"。他为哲学研究开创了一个新的领域,使哲学"从天上回到了人间",在哲学史上具有伟大的意义。

再如亚里士多德,他一生勤奋治学,从事的学术研究涉及逻辑学、修辞学、物理学、生物学、教育学等,写下了大量的著作。他的著作是古代的百科全书,他的思想对人类产生了深远的影响。

教师讲述

雅典民主政治为雅典社会营造了一个自由、开放、民主的社会氛围，极大地促成了雅典诞生一大批思想家，同时创造出了灿烂辉煌的文化。

材料呈现

    雅典剧院、帕特农神庙图片（略）

教师讲述

雅典民主城邦依靠劳里昂银矿等公民共同体控制的国家财源大搞公共设施建设，并且在财政上实行一系列"古代福利国家"政策，进行债务豁免、贫困救济，发放观剧津贴、公职津贴资助公民参与公共生活与公共决策。例如雅典公民大会决议把观剧津贴制度化，在城邦预算中设立泰奥里克专项基金，穷人观剧只要不中途退场，每次可以得到两个奥波尔。当时雅典有专门的福利预算，雅典议会定期进行福利资格审查，无工作能力者与其他符合资格的雅典公民每天可以得到两个奥波尔的持续补贴，或者不超过1800个奥波尔的一次性补贴。

雅典的这种国家福利政策，让公民最大限度地参与国家的公共生活与公共决策，保证了收入低下的公民也能积极参与到文化事务中来，促使雅典当时文化的高度繁荣。也出现了类似帕特农神庙、雅典卫城等宏伟壮丽的建筑，这些建筑不仅外观壮丽，其精致华美的雕刻装饰也堪称人类艺术的瑰宝。

材料呈现

    种植业、海外贸易繁荣发展的图片（略）

教师讲述

最后，雅典民主政治也造就了发达的商品经济。梭伦改革时颁布"解负令"，废除债务奴隶制，平民所欠公私债务一律取消，因负债而沦为奴隶者重新获得自由。"解负令"保障了公民人身权利，促进了经济的发展。梭伦还颁布了一系列促进工商业发展的措施，促进了农业、工商业和对外贸易的发展，扩大了下层平民的就业机会。雅典通过经济方面的改革措施壮大了雅典城邦实力，为雅典城邦的振兴与富强开辟了道路，使雅典成为古代希腊最繁荣的工商业城邦。雅典商品经济的发展，为它在希波战争中战胜人数6倍于自己的敌人奠定了坚实的物质基础。

教师讲述

雅典民主政治促使雅典国家经济、政治、文化的空前繁荣，造就了当时的"盛世雅典"。其在法治基础上创造出的民主运作方式，为后世民主政治的发展积累了宝贵经验。虽然受到时代的局限,雅典有各种不足,但在专制盛行的同时代,雅典显得那样的卓尔不群,它所创造的民主制度是人类历史的巨大进步,促进了人类文明的发展。

三、微课思考

通过政治、经济、文化方面详细分析雅典民主政治所造就的"盛世雅典",有助于学生更全面地理解雅典民主政治对当时雅典所起的巨大作用,也弥补了由于课堂教学时间紧、节奏快而造成学生理解偏差的不足。

罗马法的发展历程

慈溪市三山高级中学　周玲娟

一、选题背景

学生在初中阶段很少接触古罗马的知识,没有形成相关知识的完备体系,加上罗马法所涉及的概念繁多以及罗马法自身发展演变的复杂性,给高一学生充分理解所学知识带来了困难。为了解决这一困难,可把罗马法的发展历程分为三条线索:从习惯法到成文法;从公民法到万民法;从具体的法律条文到自然法理念。通过梳理这三条线索,有利于帮助学生深刻理解罗马法的发展演变。

二、微课实录

教师讲述

罗马法是指公元前6世纪末到公元7世纪古代罗马制定和实施的全部罗马法律。罗马法不是一个法律文本,而是古代罗马在一千多年的历史发展过程中制定和实施的各项法律的总和。罗马法的发展历程可以从以下三条线索进行梳理:从习惯法到成文法;从公民法到万民法;从具体的法律条文到自然法理念。

材料呈现

　　罗马法发展的三条线索

教师讲述

习惯法存在于王政时期和共和国早期,是未经政府明确承认,被一般人接受并默认为社会中相互关系的行为准则。因此,习惯法没有固定的成文形式,具有很大的伸缩性和不确定性。成文法指经有立法权的国家机关制定或认可,并以法律条文作为表现形式的法律总称。

习惯法由贵族担任法官,常常随心所欲解释法律,保护贵族利益而损害平民利益,导致平民与贵族的矛盾激化。为了维护贵族统治,罗马元老院成立立法委员会并颁布了罗马第一部成文法《十二铜表法》。成文法的实施使罗马法律由口头形式变为文字形式,从此法律不会因为某个人而改变。这就限制了贵族对法律的随意解释,使审判、量刑皆有法可依,保护了平民的利益。可以这么说,由于平民的斗争才促使罗马法从习惯法发展为成文法。

材料呈现

公民法和万民法的概念

教师讲述

罗马法发展的第二条线索是从公民法到万民法。公民法是指从罗马建国到公元前3世纪中叶,罗马所产生的法律,包括习惯法和成文法。公民法仅限于罗马公民,目的在于调整罗马公民之间的关系,而不适用于外邦人,因此公民法具有狭隘性。公民法的内容侧重于国家事务和法律程序,注重形式,程序烦琐,缺乏灵活和变通。万民法是指从共和国中期到帝国时期形成的适用于罗马统治范围内的一切自由民,是用来调整罗马公民和外邦人之间以及外邦人和外邦人之间关系的罗马法律。万民法内容注重调解贸易及财产等经济和民事纠纷,形式简洁灵活且实用有效。

随着罗马对外扩张,商品经济和贸易的发展,罗马统治者无法用公民法处理外邦人的事务,外邦人在罗马的统治下无法得到应有的保护,罗马帝国的政治经济活动产生了许多新问题、新矛盾,仅适用于罗马内部的公民法已无法应对这些新变化。

材料呈现

材料一 古罗马案例:有人砍伐邻居家的葡萄树被告上法庭,原告虽提供了确凿证据,却输掉了官司。原因是原告在法庭辩论中把"葡萄树"说成了"葡萄",而《十二铜表法》只规定了非法砍伐他人"树木"应处以罚金。

材料二 根据罗马公民法,若要使物品交易成功,就必须具备下列条件:①须有五个证人和一名司秤在场,他们皆应是罗马公民;②在进行转让仪式时,必须经过正式的手势和言语的宣述。

教师讲述

从材料一、二可以看出公民法注重形式,程序繁琐,缺乏灵活和变通,需要改革。因此,在罗马共和国到帝国过渡时期,古罗马统治者逐渐把公民法发展成了万民法。公民法到万民法的演变理顺了罗马不同民族、不同地域之间人与人的关系,成为国家发展、政权巩固的有力保障。由此可见,罗马公民法发展为万民法是罗马不断对外扩张和罗马社会不断发展的结果。

罗马法发展的第三条线索是从具体条文上升到自然法理念。

材料呈现

> 我认为法源于自然,而"自然赋予所有人理性",所以也赋予所有人"法";自然界存在着一些普遍的法则,如理性、自由、平等、正义等,这些原则永恒不变,这些原则也必须体现在法律中。
>
> —— 西塞罗

教师讲述

从材料可以看出自然界有很多法则,如理性、自由、平等、正义等,这些原则也需要体现在法律当中。因此,自然法是一种精神,是理念,是观念,而不是具体的法律条文。自然法是整个法律的指导原则,高于一切人定法和人为权力。

材料呈现

> 材料三 屋大维没有子嗣,只有一个女儿,名叫茱莉亚。由于茱莉亚的通奸罪行被揭发,屋大维被迫处置自己的女儿。
>
> —— 阿德里安·戈兹沃西《奥古斯都:从革命者到皇帝》

教师讲述

屋大维唯一的女儿犯了罪,也一样被处置,从而表明了罗马法蕴含着"人人平等,公正至上"的理念。自然法思想是对罗马法律实践的理论概括与升华。因此,自然法的提出标志着罗马法的高度成熟。

材料呈现

> 法律决非一成不变的,相反地,为了追求公正和完善的理性,法律也因情况和时运而变化。
>
> —— 黑格尔

罗马法为追求公平与理性逐渐发展完善,主要涉及的概念有习惯法、成文法、公民法、万民法、自然法。罗马法具有完整的系统性和很强的逻辑性,在发展过程中随着社会的发展不断修正、完善,具有较强的生命力,其所蕴含的"人人平等,公正至上"的理念具有超越时空的永恒价值。

三、微课思考

由于罗马社会的不断发展,罗马法也在不断发展演变,其发展历程复杂烦琐,涉及的概念繁多,通过三条线索厘清罗马法的发展历程,有利于帮助学生全面理解掌握罗马法。

循序渐进 —— 近代英国权力中心的转移

奉化高级中学 杨 琳

一、选题背景

在近现代史中,英国是个非常重要的国家,从某种程度上来说,英国为改变世界做出了巨大的贡献。在西方资产阶级代议制的确立及发展过程中,英国又是绕不开的重要国家。英国君主立宪制的确立开了近代资本主义政治制度的先河,但要理解什么是君主立宪就要让学生明白英国的权力中心发生过怎样的转移。只有理解了权力中心转移的相关情况才能理解君主的权力为什么受到了限制,受到了谁的限制,怎样被限制。这将有助于学生更好地理解代议制是怎样一种政治制度。

二、微课实录

教师讲述

光荣革命之前,除革命时期外,英国国王毫无疑问是国家权力的中心。但这一切随着光荣革命的发生而产生了变化。

1685年詹姆斯二世继位,但由于他转信罗马天主教并与第二位妻子生下了一个儿子,使他信奉新教的女儿继位的希望破灭了。于是人们决定采取行动,邀请其女儿玛丽和女婿威廉来英国保护"宗教、自由和财产"。

材料呈现

材料一 以辉格派和托利派为代表的资产阶级和土地贵族,联合一致赶走了国王詹姆斯二世,后虽由威廉三世和玛丽即王位,但实际权力则掌握在这两个政治派别领导人的手中。……他们利用自己所控制的议会,通过一系列法案来限制王权,而把实际权力逐渐转移到议会手中,形成了议会权力超过王权,国王"统而不治"的立宪君主制体制。……对新即位的国王威廉三世和玛丽来说,他们取得王位是靠了议会里的辉格派和托利派的力量,所以对两派的要求不得不表示同意。

所以当议会里提出限制王权的议案时,很容易就通过了。……议会在1701年通过《王位继承法》……国王所做的一切决定和政府的命令,必须由同意该项决定的枢密院的成员,即政府的大臣签署才能生效。此外,法案还规定,以后法官的任免权不再属于国王而属于议会;以后凡议会谴责、定罪的人,国王都不能任意赦免等。所有上述这些措施,都对王权作了具体的限制,并把包括国王继承权等重大问题掌握在议会手里,这就确立了议会高于王权,司法权独立于王权的原则。

——吴于廑,齐世荣《世界史·近代史编(上卷)》

材料二 1688年"光荣革命"后,国王是被议会"邀请"前来的。国王权力的来源已不是上帝而是议会了。所以在"光荣革命"后,议会通过一系列法案来限制国王的权力,国王都只得同意。……议会除了用法律的、政治的手段来削弱国王的权力外,还力图通过控制财政权来限制国王的不正当行为。

在外交事务上,当威廉三世即位之初,由于他既是荷兰的统治者,也是英国的统治者,在外交场合既可代表英国,也可以代表荷兰进行活动,有很多便利。……但在17世纪末,威廉三世在外交上遭到一连串挫折,议会于是发出了不满呼声。1701年《王位继承法》作了一条规定:英国人不能由于一个外国国王的利益而卷入一场战争去保卫不属于英国的领土。这一规定,限制了威廉三世在外交上的活动范围。这时,即使在外交政策上,如果得不到议会的同意,国王也是一筹莫展。

——吴于廑,齐世荣《世界史·近代史编(上卷)》

教师设问

从以上材料中我们看到国王的哪些权力发生了转移?向何处转移?为什么会发生这些转移?

虽然说君主立宪制确立了,但国王并没有失去所有权力,至少他还保留有行政权。

但这一切又随着汉诺威王朝的建立而发生了变化。

斯图亚特王朝的安妮女王去世后，王位由她的远房表亲德国汉诺威的乔治继承。新的国王又给英国的政治带来了意想不到的成果，客观上推动了内阁制的发展。

材料呈现

  材料三　到了汉诺威王朝时，乔治一世和乔治二世以外国人的身份入主英国，对英国的情况不甚了解，无法对许多政治问题发表中肯的意见，而且他们不懂英语，在内阁会议上也无法和内阁会议的成员讨论问题、交流意见。乔治一世甚至把出席会议当成了负担，不愿参加。在内阁会议中掌权的辉格派利用这一情况，慢慢疏远国王，把实权揽在自己手里。久而久之，国王不出席会议成了惯例……而国王在1714年以后，从来也没有否决过内阁会议的决定。

  在国王不出席的情况下，内阁会议在开会时需要有人来主持会议，并把意见归纳、集中，以便向国王汇报。国王为了便于了解内阁会议的讨论情况，也需要这样一个人物，于是就渐渐在内阁会议中出现一个地位较突出的领导人。

  1714年起，辉格党长期在英国掌权，它的领导人沃尔波在内阁会议中总揽一切，地位突出，实际上起了首相的作用。不过这时他被政敌称为"首相"，还含有讥讽的意味，即讥刺他不适当地突出自己，压倒别的同僚，违反了大家所共同遵守的原则。同时，在沃尔波时代，他也从来没有组织过内阁，也没有在下议院领导过一个多数派。在1742年他下台时，他的同僚也并未因此而一起解职。这就是说，后世的首相的全部职能，还处于发展过程中，尚未完全定型。

——吴于廑，齐世荣《世界史·近代史编（上卷）》

教师设问

从以上的材料中，我们再次看到了英国国王的权力发生了转移，这次转移的是什么权力？转向了何方？

三、微课思考

高中的历史教学不是单纯的听故事的教学，而更应该探寻历史故事背后的线索、趋势和方向。不过历史都是人的历史，叙述的是人的故事，因此如果只有纯粹的背景、经过、结果、影响，而没有那些人、那些事，历史也就失去了它本身最大的魅力。历史教学的吸引力应该是有人、有事、有深度，这三者互相依存，不可或缺。

制约平衡——美国1787年宪法缓解的矛盾

奉化高级中学　杨　琳

一、选题背景

美国1787年宪法是西方政治史的枢纽，它是启蒙运动的实践，其体现的制约与平衡的政治艺术是政治智慧的杰出体现。美国的这一宪法，因其成功的架设缓解了当时美国国内存在的各种矛盾，因此为美国的长期稳定和发展奠定了基础。可以说，美国后来的成就就是1787年宪法成功协调各种矛盾的成果。掌握这种对矛盾的协调能力对现实生活与学习都有指导意义。

二、微课实录

教师讲述

美国1787年宪法的通过成功地调和了多对矛盾。其中主要有三对矛盾：中央和地方，大州和小州，南方和北方。

第一对矛盾的调和：中央和地方。

首先来了解1787年宪法前的中央与地方的纷争。

材料呈现

材料一　《邦联条例》于1777年11月15日由大陆会议通过，1781年开始实施。按照这部宪法，成立起来的美国国家组织有以下几个特点：第一，各州保留了很大的独立性；……第二，中央最高机构是一院制的邦联国会；……第三，中央权力极小，……它完全依靠各州来维持国家秩序，无权干涉各州内部事务。即使某一州发生内战，它也只能作壁上观。因此，美国俨然是由13个独立国家组成的松懈的国际同盟。

——吴于廑，齐世荣《世界史·近代史编（上卷）》

材料二　实际上那时的"美利坚合众国"，也既不像样子，又情况不妙。这个国家没有国家元首，没有政府首脑，也没有一个真正的政府。许多权力（比如对外宣战、和约缔结、外交主导、货币制造），是由一个一院制的议会来行使的。议会不但身兼立法和行政两职，而且权力其实很小。比如组建海军、从各州招募军队、解决各州争端等等，就至少需要2/3的state同意。这就难以巩固和发展独立战争的成果，无法有效抗衡西部印第安人的反抗和英国人在海上的骚扰，以及本国农民的起义。

——易中天《费城风云》

1787年宪法颁布后中央与地方的矛盾得到了调和。

材料三　《联邦宪法》调和了中央集权派与地方自治派之间的矛盾。弗吉尼亚的麦迪逊是中央集权派的代表人物，他在制宪会议上，开始时曾坚持这个立场。他主张中央政府应该对地方政府行使绝对的控制权，他认为这样一来就"会实现国家政权的稳定，建立更好的秩序和各州之间的关系和谐"。民主派一般反对中央集权，他们要求最大限度地保持各州的权力。但是制宪会议在这个问题上达成了妥协。最后通过的《联邦宪法》固然比起《邦联条例》来说大大加强了中央的权力，但是它并未建立中央集权的体制，它把相当多的权力保留给各州。换言之，它确立了一个联邦制，它既避免了《邦联条例》的极端，又避免了中央集权的弊害，既把各州团结成为一个国家，又保障了地方的一定程度的自治地位，这样就可以发挥地方的积极性和首创性。

——吴于廑，齐世荣《世界史·近代史编（上卷）》

材料四　按照《邦联条例》，各邦基本交出外交权，但可以开展贸易；基本交出军事权，但可以组建军队；基本保留财政权，只有各邦政府才可以直接向居民征税，邦联财政权由各邦按土地价值分摊；基本保留对邦内事务的立法、行政、司法权，交出的权力，则集中于联邦议会。

——易中天《费城风云》

教师讲述

第二对矛盾的调和:大州和小州。

大州与小州矛盾的集中点:国会代表名额的分配。

材料呈现

  材料五　在13个邦中,大邦大约有4个。……这4个邦的人口加起来有140多万。小邦大约有5个。……这5个邦的人口加起来也不到40万。

——易中天《费城风云》

  材料六　大小州之间的矛盾主要集中在国会代表名额的分配上。以弗吉尼亚为首的大州主张各州国会代表人数应与该州人口成正比例。人口少的小州代表坚决反对这个主张。新泽西州要求各州代表名额相等。

——吴于廑,齐世荣《世界史·近代史编(上卷)》

经过1787年宪法的调和,这一矛盾得以解决。

  材料七　《联邦宪法》调和了大小州之间的矛盾。它规定:参议院议员名额每州不论大小,均为两名。众议院议员名额则按各州人口比例分配,使大小州都享有好处。

——吴于廑,齐世荣《世界史·近代史编(上卷)》

教师讲述

第三对矛盾的调和:南方和北方。

材料呈现

  材料八　南北方之间的争论反映了南方奴隶主和北方资产阶级的利益之争。南方代表主张:在产生代表时,黑奴人口应该计算在内,为的是保证南方在国会中有更多的代表;但在纳税时黑奴就不应该计算在人口之内,为的是少缴税款。北方代表则持相反的态度。他们主张在纳税时黑人应计算在人口之内,在产生代表时则不应该计算在人口之内。

——吴于廑,齐世荣《世界史·近代史编(上卷)》

1787年宪法再一次均衡了南北方的利益。

  材料九　各州众议员名额及直接税的数量,都与各州的人口成正比例,其中黑人奴隶人口按3/5计算(5名奴隶只等于3个人),这就调和了南北之间的矛盾。

——吴于廑,齐世荣《世界史·近代史编(上卷)》

三、微课思考

都说美国政治最大的特点就是制约与平衡,只有通过摆事实、讲道理才能让学生更好地理解这一特点。美国的政治建设中真的是时时处处都可以看到制约权力、平衡利益的政治智慧。理解了这些政治智慧,这一课甚至这一单元的知识学习起来都势如破竹。

拨云见日 —— 德国 1871 年宪法的特点

奉化高级中学　杨　琳

一、选题背景

德国是世界近现代史上的重要国家,也是当今世界上的重要国家。德国的宪法可以说独树一帜,与众不同。德国 1871 年宪法这一知识点却是学生公认的最有难度的知识点之一,甚至被称为最难的知识点。原因在于这一知识点缺乏相应知识的铺垫,又与多个前后相关的重要知识点有着密切的联系,如英德两国的君主立宪制的异同,第二次工业革命时的德国,两次世界大战等。如果能够较好地解读德国 1871 年宪法,这将大大有助于学生对相关知识点的理解,以达到融会贯通的效果。

二、微课实录

教师设问

提问一:德意志帝国 1871 年宪法有哪几个显著特点?

主要有三个特点:第一,代议制民主;第二,君主专制色彩浓厚;第三,保留了普鲁士军国主义传统。

首先来看第一个特点 —— 代议制民主。

提问二:什么是代议制民主?

先看德国 1871 年宪法的产生过程。

材料呈现

　　材料一　按照联邦国家立法机构的模式建立了两院制立法机构，上议院即联邦议会，代表各邦，帝国国会则代表整个人民。……帝国国会是人民议会，由所有二十五岁以上的男性公民普遍投票选出。……宪法于1871年3月21日提交新选举产生的德意志帝国国会，4月14日国会原样通过，4月20日由俾斯麦公布。直到1917年，这部宪法都一直支配着德意志帝国。

——科佩尔·S·平森《德国近现代史》

再看德国1871年宪法的内容。

　　材料二　第二条　帝国依据本宪法规定在联邦领土内行使立法权，帝国法律应高于各邦法律……

——《德意志帝国宪法》

接下来了解第二个特点——君主专制色彩浓厚。

先看德国政局情况。

　　材料三　没有一个政党能够统治德意志帝国和普鲁士国家，没有一个政党有足够的力量，能进行调停。

——俾斯麦

　　第二帝国的宪法是俾斯麦亲手制订的，是为了能够适应俾斯麦与威廉一世之间的关系。……皇帝在与外交和国际法有关的一切事务上能代表帝国。他有权宣战、媾和、结盟、接受和委派大使，以及任命从宰相以下的全部帝国的官吏。他也可以随意免除他们的职务。皇帝还是陆、海军最高统帅，军人对他个人效忠。……皇帝被赋予召集两个立法机构开会或宣布休会的权力，联邦议会是以皇帝的名义向国会提交议案的。帝国法律由皇帝签名正式公布，但还需帝国宰相副署。……俾斯麦指出，无论在普鲁士还是德意志帝国，皇帝都代表真正的实际的权力，他由于掌握宰相任免权，能够间接否决任何立法。……德意志帝国无内阁。有一个大臣，就是帝国宰相。他本人又任命国家各部门负责人，他们这些人仅是行政官员，对宰相负责。……帝国宰相同时也是普鲁士首相，他只对皇帝负责。……普鲁士国王作为帝国皇帝彻底控制了军队，军人不是对宪法而是对皇帝效忠。

——科佩尔·S·平森《德国近现代史》

再看宪法的表述。

材料四 第十二条 联邦议会与帝国议会的召集、开会、延会、闭会之权属于皇帝……

——《德意志帝国宪法》

最后来看第三个特点——保留了普鲁士军国主义传统。

材料五 第二帝国的宪法并不是制宪会议或国民议会的成果。……是一系列胜利的战争的产物。……新帝国形式上是作为一个联邦组织起来的,就是说,近似一个联邦国家。……由于普鲁士在宪法结构中的特殊、奇特地位,德意志帝国并不是一个真正的联邦国家。……普鲁士军队在新帝国中是权力和影响的最明显的工具。从法律上说,并没有什么德意志军队、德意志参谋本部、德意志国防大臣。普鲁士的军队法规被扩大运用于整个帝国,帝国军队成了一支统一的军队,但始终受到普鲁士直接控制。……军队由于不须服从宪法的要求,就与平民的宪法完全脱离了关系。……大多数德国人都承认德国的统一全靠这个普鲁士军人帮。因此,在整个德国,政治思想和政治行动都深受普鲁士国王、普鲁士参谋本部和普鲁士军队的影响。弗里德里希·迈内克写道:"德意志帝国是由旧普鲁士军事君主国的军队缔造的。它也利用了民族和自由主义运动的力量,但人们并不认为这是主要的。而且,缔造德意志帝国的工具,在极大程度上又是保卫它的工具。在这整个时期,普鲁士军事邦以其具有的一切特点——它的保王主义贵族传统,它对组成军官团核心的那些社会阶层的偏爱——一直是国内政策的最坚强的枢纽,同时又是整个堡垒中的最坚固的城堡。"

——科佩尔·S·平森《德国近现代史》

材料六 德国在统一之后全盘继承了普鲁士的官僚制度和军国主义传统。从法国取得的50亿法郎赔款大部分被用于扩军和改善武器装备。1874年,俾斯麦迫使帝国议会同意将和平时期的军队从35万人增加到40.2万人,另外还成立了全国非常后备军,同时通过了"七年法",一次批准了7年的军事预算,后来,再次延长7年。到1899年,德国陆军人数达到62万人。此外,德国多次通过海军法案,加速发展海上力量。整个德意志几乎变成了一座大兵营,军事机构控制着一切,军人充斥各个领域。

——吴于廑,齐世荣《世界史·近代史编(上卷)》

材料七 第六十一条 在本宪法公布之后,在全帝国内,应立刻全部采行普鲁士的军事立法……

——《德意志帝国宪法》

三、微课思考

这一块知识是笔者个人非常喜欢和熟悉的,但是把自己喜欢和熟悉的知识转换成教学内容也是一门艺术。因为熟悉,可以迅速找到要领,但也会误以为学生会有同样的热情和熟悉度。教学应该是符合学生的"最近发展区"的,在学生缺乏相应知识铺垫的情况下,对史实的叙述更应该注意延伸与拓展。

马克思主义诞生的条件

慈溪市慈中书院　张　颖

一、选题背景

必修一专题八《解放人类的阳光大道》主要讲述的是国际工人运动从空想到科学、由理论到实践、从一国到多国实践的过程。马克思主义则是指导工人运动的科学理论，它的产生对国际工人运动产生了重大影响。马克思主义为什么诞生在19世纪中期？只有将其放在19世纪中期特殊的时代背景下去分析，才能让学生更好地理解其诞生的条件及诞生的意义。

二、微课实录

教师讲述

1848年2月《共产党宣言》的发表，标志着马克思主义的诞生。一百多年来没有一个学说像她这样彻底改变了人类社会发展的历史进程，没有一个学说像她这样具有强大的生命力和时代感，没有一个学说像她这样敢于和善于吸取人类社会不断积累的文明成果，时刻焕发着科学的青春。那么，为什么马克思主义诞生在19世纪40年代，而不是更早呢？

材料呈现

19世纪40年代诞生的科学社会主义是西欧资本主义时期物质生产、阶级斗争和思想文化发展到一定水平的产物，也是马克思、恩格斯在思想领域实行伟大变革的结果。

——刘宗绪主编《世界近代史》

那么,19世纪40年代的欧洲是个怎样的世界?

材料呈现

材料一

图1　瓦特改良蒸汽机

图2　19世纪中期的纺织工厂

图3　19世纪资产阶级的生活

教师讲述

图1反映了资本主义国家的工业革命,图2反映的是工业革命促进了资本主义以前所未有的速度发展,图3反映的是资产阶级享有的生活。

材料呈现

材料二 1750—1800年,英国的煤产量增长了1倍,而19世纪的100年中又增长20倍。生铁产量在1740—1788年间增长了4倍,以后20年又增长了4倍,而19世纪的100年又增长了30倍。原棉进口在1780—1800年增长了5倍,以后100年又增长了30倍。

材料三 工业革命前,人类的生产能力每1000年才增长1倍;而英国在19世纪的100年中,GDP增长了约4倍。而当时的英国人口大约2000万,仅相当于同期中国人口的约1/20。因此,无论从财富总值还是从平均每人可以占有的财富量衡量,英国是当时世界上最富裕的国家。

——以上材料均引自钱乘旦《英国工业革命中的人文灾难及其解决》

教师讲述

依上述材料来看,英国人自然应是当时世界上最富裕的人。然而,情况并非如此,在当时,财富越多,英国社会的贫穷现象似乎越常见;随着财富的积累,英国的穷人不是减少了,反而增加了,其中,绝对贫困的现象更加显著。

材料呈现

材料四

图4 童工

材料五 1833年,埃尔德莱有一个织工,一家7口,4个人工作,但全部收入在扣除房租、工具等后所剩只有每星期2先令,这点钱要供全家人的吃穿。因此,他们的伙食是:早上喝粥,中午土豆拌盐,晚上也是这样,最多加一

图5、图6 英国工人生存现状

点麦片粥。

材料六 1840年,一个26岁的织工干了一夜的活,太累了,一头从织机上栽下来死去,留下妻子和一个孩子。在此之前,他长时间失业,也没有吃东西。这一天,他临时得到一点工作,就拼命干,结果竟累死了。

——以上材料均引自钱乘旦《英国工业革命中的人文灾难及其解决》

教师讲述

从以上材料我们看到,随着工业革命的进行,资本主义经济以前所未有的速度发展的同时,贫富差距不断拉大,工人阶级处境悲惨。因此在当时很多人眼中,欧洲资本主义到了19世纪中期,几乎要走到尽头,严重的阶级对立,资本家残酷的毫无约束的剥削,整个社会无法再容忍不公平——当时一种追求绝对自我的理念,使得巴黎、伦敦等城市变成了肮脏、臭气冲天的城市。特别是从1825年以后各资本主义国家周期性经济危机不断发生,工人的处境更加悲惨。工业革命促进资本主义迅速发展,但是工人并没有享受到社会生产力发展带来的进步。撕裂的社会,不公平的现实,越来越清晰地表明:资本主义并不是什么"合乎人类理性的王国"。反抗、反思、探索,成为一种必然。

材料呈现

反抗:欧洲三大工人运动

教师讲述

19世纪三四十年代的工人运动不再仅仅是跟在资产阶级身后一起反封建了,他们提出了自己的政治主张:英国的宪章运动提出"要求普选权向暴君夺取自由";法国的里昂运动提出"不要劳动而生,就要战斗而死,推翻富人政权,建立劳动共和国";德国西里西亚纺织工人运动提出"反对私有制社会"。这一切说明工人阶级已经作为独立的政治力量登上历史舞台。而这些运动的失败也说明,工人运动急需科学理论的指导。

除了工人阶级的反抗之外,一批思想家们也在对资本主义制度进行反思,他们立足于批判资本主义现实,设想未来美好理想社会,这便是社会主义思潮。社会主义思潮兴起且流派众多,空想社会主义者的历史贡献与局限性都非常明显。19世纪初期的空想社会主义是空想社会主义发展到顶峰的时期,其代表人物有圣西门、傅立叶、欧文。

反思:空想社会主义

材料呈现

> 目前,私有财产是贫困的唯一根源,由于贫困而在全世界引起各种无法计算的罪行和灾难。它在原则上是那样不合乎正义,如同它在实践上不合乎理性一样。在合理组织起来的社会里,私有财产将不再存在。
>
> ——欧文《新道德世界书》

教师讲述

根据材料,我们可以看出此时的空想社会主义将批判矛头直接对准资本主义制度,认识到私有制是产生阶级和阶级剥削的根源,并且设计了未来美好社会的蓝图。那么在欧文眼里,该如何实现他们的理想社会呢?

材料呈现

> 这一变革将世界上那种旧的、不合适的,以及散播无知、贫困、个人竞争、内讧和民族战争的丑恶制度连根铲除并彻底消灭。将以合乎理性的社会制度来代替它,在这种制度下,竞争、纷争和战争将永久终止,人们从最早的幼年时起,就养成为人类谋幸福的习惯。创立这一制度可以用说服的方法,使政府相信这一制度的原则完全是真理。
>
> ——欧文《人类思想和实践中的革命或走向理性社会》

教师讲述

创立合乎理性的社会制度靠说服。欧文同时也是一个实干家,1824年,他在美国印第安纳州购买了3万英亩土地,兴建了"新和谐公社"。在那里,生产、劳动、分配、生活等方式均按欧文的共产主义原则执行。在这里,不用担心为富不仁,也没有阶级压迫,儿童可以免费接受教育,药房免费配给药品。结果不到三年,试验失败。那么他的试验为什么会失败呢?

材料呈现

> ……但是这些模范社会将如何取代现存社会,他们(空想社会主义者)从未认真考虑过。他们对于从富裕的或有权势的资助人那里得到帮助这一点抱

有模糊的期望。

——L·S·斯塔夫里阿诺斯《全球通史》

他们天真地幻想,有朝一日统治阶级或大富翁能够良心发现,大发慈悲,掏出钱来帮助他们建立一个理想中的"人人平等"的社会。

——人民版高中历史必修一 P137【资料卡片】

教师讲述

这些空想社会主义的代表们看到了资本主义灭亡的命运,却未能揭示资本主义灭亡的经济规律;他们憧憬取代资本主义的理想社会,却找不到理想社会的实现道路,也没有看到无产阶级的作用。虽然欧文之后的实验也都悲壮地失败了,但30余年的实践为他赢得了崇高的威望,也为科学社会主义理论的产生提供了宝贵的材料。正如马克思所说:"(欧文)一经踏上革命的道路,即使遇到失败,也总是能从中吸取新的力量,而且在历史的洪流中漂游得愈久,就变得愈坚决。"恩格斯评价说:"当时英国的有利于工人的一切社会运动、一切实际成就,都是同欧文的名字连在一起的。"空想社会主义成为马克思主义的三大理论来源之一。列宁说,马克思、恩格斯是"19世纪人类三个最先进的国家中的三种主要思潮的继承人和天才的完成者"。除此之外,马、恩还对英国古典政治经济学、德国古典哲学进行了批判吸收,创造了马克思主义理论。

马克思、恩格斯顺应时代要求:一方面深入工人群众,揭露并分析资本主义制度;另一方面广泛汲取人类优秀文化成果,创立科学理论。

三、微课小结

马克思主义诞生的条件:

经济基础:工业革命开展,资本主义发展,弊端显露。

阶级基础:三大工人运动,无产阶级登上历史舞台。

思想基础:古典哲学(德),古典政治经济学(英),空想社会主义(法)。

主观努力:马克思、恩格斯的革命实践和理论探索。

四、微课思考

这节微课将马克思主义的诞生放在19世纪三四十年代欧洲资本主义的发展背景中去考量。通过学习,学生更好地理解马克思主义诞生的19世纪40年代是一个资本主义自由发展且无序竞争的时代。工人生活状况悲惨,阶级对立严重,各种立法保障尚未完善,资本家猖狂剥削毫无约束。对早期资本主义制度存在的问题的不满,直接导致了工人阶级的反抗,要求获得自己的政治权利。社会精英分子对资本主义制度的反思,导致了社会主义思潮的出现。这一切构成了马克思主义诞生的条件。可见一定时期的思想是对一定时期政治经济的反映。

巴黎公社失败原因分析

慈溪市慈中书院 张 颖

一、选题背景

巴黎公社作为人类历史上第一次无产阶级专政的伟大尝试,意义非凡。关于其失败的原因,人民版的教材有归纳但是不够完整。本微课运用大量史料,旨在让学生从史料中得出巴黎公社失败的原因,让学生深刻理解作为一个政权,巴黎公社虽进行了伟大的尝试和实践,但其失败是必然的。

二、微课实录

教师讲述

巴黎公社失败的原因。1871年英勇的巴黎工人阶级通过血与火的搏斗,在打碎旧的资产阶级国家机器的基础上建立了巴黎公社。从3月18日巴黎公社起义到5月28日失败,它仅仅存在了72天。是什么原因使人类历史上第一个无产阶级专政的伟大尝试归于失败呢?

材料呈现

材料一 法国整个资产阶级、所有的地主、工厂主都联合起来反对公社,他们层层包围了半个巴黎(另一半被德军包围)。

—— 列宁

教师讲述

第一,反动势力的联合绞杀。这个是其失败的客观原因。巴黎公社起义是在民族矛盾促使阶级矛盾激化的情况下发生的,所以面对的敌人既有被推翻的资产阶级、地主,又有普鲁士反动武装。

材料呈现

> 材料二 当凡尔赛在磨刀霍霍时,巴黎却沉浸在起义胜利的欢乐中,他们认为继续向凡尔赛进军是在挑起内战。
>
> ——马克思

教师讲述

第二,没有乘胜追击敌人。巴黎公社起义后,国民自卫军中央委员会没有巩固自己的胜利成果,而在忙于实行公社选举,放弃了进攻凡尔赛的大好时机,这是巴黎公社犯的第一个重大错误。

材料呈现

> 材料三 银行是全部资本主义生活的神经,而公社不愿给人留下强盗、小偷的印象,在斗争的中途停了下来,没有剥夺剥夺者(法兰西银行)。
>
> ——恩格斯

教师讲述

第三,没有接管法兰西银行,割断敌人的经济命脉。在财政困难的情况下,公社没有动用法兰西银行的数十亿元黄金储备,因为他们认为那是"国家的财产"。

材料呈现

> 材料四 一些大炮在寻找他们的炮架,而在不远处,炮架却在哭着寻找他们的大炮。
>
> ——马克思

教师讲述

第四,军事准备不足,领导失误。巴黎公社在军事斗争方面存在着一些严重的错误:一是始终采取防御政策。在4月份战斗日趋激烈的时候,巴黎前线指挥员得到的命令只是"防御",没有采取积极有效的措施适时发起进攻,只是消极地等待强敌进攻,这等于等待失败。二是军事准备不足,敌情不明,造成军事部署和指挥失误。起义胜利后,巴黎沉浸在一片欢乐之中,公社对凡尔赛的反扑缺乏警惕和军事准备,4月2日炮击巴黎的炮声响了,公社的人们还认为是节日礼炮。4月3日在未进行充分准备的情况下,又仓促决定出击凡尔赛,结果进军失败,使公社遭受很大损失。三是军事组织混乱,纪律松弛。起义成功后,公社拥有6万多人的部队,20万支枪,1200门大炮,5个炮台,1个工事坚固的环形要塞地带,足够使用几年的弹药及法兰西银行数十亿法郎的资金,完全可以组织强大的出击和长期防御。但公社未很好地利用这些条件,部队缺乏必要的组织纪律和统一领导,任意行动和自由来去的现象时有发生。由于公社领导对军事形势盲目乐观,对大规模军事行动缺乏准备,致使出击的部队没有统一领导、各行其是,最终导致了失败。

材料呈现

材料五 在一个没有农民的国度中无产阶级革命的独唱,就会变成哀歌。

——马克思

教师讲述

第五,没有发动广大农民,建立工农联盟。

材料呈现

材料六 公社中的大多数人根本不是社会主义者,也不可能是社会主义者。因此,它不可能取得胜利……

——马克思

材料七 巴黎所追求的,是建立共和国和获得城市应享的特权,它衷心希望能为法国的其他城镇作出一个榜样。如果说巴黎公社超出了它正常的职责范围的话,很抱歉,那是回答梯也尔政府的战争挑衅。巴黎只是希望拥有自己的自治权,它充分尊重法国其他城镇的平等权利。

——《巴黎公社公报集》

教师讲述

第六,没有马克思主义理论的指导。巴黎公社没有明确的指导思想,一些公社委员还深受小资产阶级民主思想的影响,马克思主义或马克思本人没有直接指导革命和公社的成立。从材料七巴黎公社的目标看,它也并未提出和建立公有制,只是建立共和国,争取自治权,在全国政权上,巴黎公社也只是要求建立有工人阶级代表参加的资产阶级共和国,这不是在马克思主义指导下的目标。

材料呈现

材料八 公社委员里有两大派别,一派是布朗基派以及附和布朗基派的新雅各宾派,共占委员总数的四分之三,也称多数派。另一派是蒲鲁东派和倾向蒲鲁东派观点的人,约占公社委员总数的四分之一,又称少数派。……(因为主张的不同)从3月28日巴黎公社正式成立开始到5月20日,不到两个月的时间,派系斗争一直没有停止过,两派彼此揭短,互相攻击,愈演愈烈,严重地影响了巴黎公社革命政权的建设。

——郭明《巴黎公社内部的思想斗争》

教师讲述

材料八反映了巴黎公社内部存在严重的派别矛盾、派系斗争,那是因为其缺乏统一的革命政党的领导。也正因为如此,巴黎公社未能建立起集中统一的政治、军事领导体制,未能形成有权威的领导核心,从而使公社的政治、军事工作产生了严重的无政府现象,导致革命队伍内部的争执、摩擦和纠纷,政令、军令的不统一,行政管理和军事指挥的混乱,最终导致武装斗争的失败和公社政权的覆灭。

材料呈现

材料九 巴黎公社是特殊条件下一个城市的起义,也就具有自发性、偶然性,并不是生产关系阻碍了生产力的发展的结果。

材料十 列宁指出:"胜利的社会革命至少要有两个条件:生产力高度发展与无产阶级准备成熟。但是,1871年的法国尚不具备这些基本条件。"

教师讲述

从巴黎公社的爆发来看,它是法国无产阶级自发进行的一场革命,具有很大的偶然性。这个偶然性主要是指普法战争。1870年7月,普法战争爆发,9月法国战败,巴黎人民举行起义,推翻了法兰西第二帝国,建立了法兰西第三共和国。但是,胜利果实落入资产阶级手中,他们组成了"国防政府","国防政府"在民族义务和阶级利益发生矛盾的时候,没有片刻犹豫便把自己变成了卖国政府。1871年2月,梯也尔出任法国政府首脑,随后签订法德和约,法国向德国赔款50亿法郎,并割让阿尔萨斯和洛林给德国。梯也尔政府的卖国行为激起了人民群众的极大愤慨。巴黎人民纷纷要求成立公社,以监督政府,并在3月中旬成立了中央委员会以加强自己的斗争。武装的巴黎成为资产阶级政府实现投降卖国阴谋的严重障碍。3月18日凌晨,政府军突袭蒙马特尔和梭蒙高地,企图夺走大炮,从而触发武装起义。当晚国民自卫军控制了巴黎所有政府机关,梯也尔政府成员及其军队、警察、官吏等逃往凡尔赛。3月26日,巴黎人民举行了公社委员会的选举,3月28日,巴黎公社正式成立。从革命的发生可以看出,巴黎公社不是有组织、有计划地发展起来的,而是在特定的历史环境中,在法国民族矛盾和阶级矛盾尖锐化的情况下,由无产阶级进行的一场突发性的革命。列宁说:"胜利的社会革命至少要有两个条件:生产力高度发展与无产阶级准备成熟。但是,1871年的法国尚不具备这些基本条件。"1872年的法国,全国每个企业平均雇佣工人只有2.9人,社会经济发展的实际水平远没有达到能够消灭资本主义制度的程度。所以当时的法国不论是生产力水平还是无产阶级的政治威信,都还没有达到完成社会主义革命的程度,因而巴黎公社的失败是必然的。

三、微课思考

巴黎公社是历史上第一个无产阶级专政的伟大尝试,其失败具有必然性。但因为其发生在马克思主义诞生后,可能很多学生会认为其受到了马克思主义的指导(马克思也曾写过《法兰西内战》,高度赞扬过巴黎公社)。关于这点,从公社成员的指导思想和公社革命目标方面来看,巴黎公社没有受到马克思主义的指导。其实我们还可以从巴黎公社爆发的偶然性方面考虑,它不是有组织有计划的革命,马克思本人和马克思主义并没有直接指导革命和公社的成立,教师在讲述时,需要对学生指出这一点。

全面认识巴黎公社的性质

慈溪市慈中书院　张　颖

一、选题背景

1871年的巴黎公社是无产阶级推翻资产阶级政权，建立无产阶级专政的一次伟大尝试。虽然它只存在了72天，但是它在国际工人运动历史上留下了光辉的一页。关于巴黎公社的性质，学生在学习过程中可能认识不够全面。本节微课旨在引导学生从多方面来认识巴黎公社的性质。只有全面认识巴黎公社的性质，才能更好地理解巴黎公社在整个国际工人运动中的地位，以及它对之后的无产阶级革命和政权建设的启示。

二、微课实录

教师讲述

1871年，巴黎无产阶级和广大人民群众以非凡的革命首创精神和"冲天"的革命积极性创立了人类历史上第一个无产阶级政权——巴黎公社。关于巴黎公社政权的性质，我们可以从以下几个方面来理解：

首先，从巴黎公社成立的背景看。

1870年7月普法战争爆发，法国战败，群情激昂的巴黎人民起义推翻了法兰西第二帝国，建立了法兰西第三共和国。革命胜利的果实落入资产阶级手中。资产阶级临时政府对外卖国，对内镇压工人运动，千方百计要废除国民自卫军的武装。民族矛盾激化国内阶级矛盾，1871年3月18日凌晨，资产阶级反动政府军队偷袭蒙马特尔高地时被发现，巴黎人民发动武装起义,革命成功。由此可见,巴黎公社是在巴黎无产阶级通过暴力革命推翻资产阶级政府的基础上建立的。

其次,从巴黎公社产生的过程和对公社委员的要求看。

1. 公社委员是由人民选举产生的。

教师讲述

3月26日,巴黎公社进行选举,参加投票的总人数为22万8千人,无论是公社成立以前的各区的区长的选举,或者是公社失败后的巴黎市政选举,参加选举的人数都没有达到这样广泛的程度。正如马克思说的"从来没有过在选拔上进行得这样认真仔细的选举,也从来没有过这样充分代表着选举他们的群众的代表"。巴黎公社的选举虽然在时机上是不合适的,国民自卫军中央委员会在没有巩固自己的胜利果实的情况下,忙于实行公社选举,放过了进攻凡尔赛的最好时机。但是公社的选举毕竟真正体现了绝大多数人的民主。公社的选举打破了原有的每个选区代表人数相等的传统,规定每个选区按居民人数确定代表人数,人口多的工人居住区就能产生较多的代表。

材料呈现

> 普选权在此以前一直被滥用,或者被当作议会批准神圣国家政权的工具,或者被当作统治阶级手中的玩物,只是让人民每隔几年行使一次,来批准议会制下的阶级统治;而现在,普选权已被应用于它的真正目的:由公社选举它们的行政的和创制法律的公职人员。
>
> ——《马克思恩格斯选集》第3卷

2. 人民对公职人员拥有监督权和罢免权。

教师讲述

公社经过全面的民主选举,选出了选民自己满意的政府和公仆。为了防止这些公仆变成人民的主人,公社十分重视对权力的监督。既有公社内部设立的执行委员会九大委员对公社委员的监察,又有外部的监察,例如群众自下而上的监督,公社委员要负责把公社的决议法令迅速贯彻到基层,检查执行的情况,还要向选民报告自己的履职情况,答复质询。另外,还有利用各种报刊舆论工具的监督、群众来信来访的监督等。这些都是公社实行无产阶级民主的伟大实践。

材料呈现

> 公社彻底清除了国家等级制度,以及随时可以罢免的勤务员来代替骑在人民头上作威作福的老爷们,以真正的负责制来代替虚伪的负责制,因为这些

勤务员经常是在公众监督之下进行工作的……所谓国家事务的神秘性和特殊性这一整套骗局被公社一扫而尽。

——马克思《法兰西内战》

"公社是一个对选民负责、随时可以撤换的机构。"公社的这个规定保证了人民不仅享有选举权,而且对权力机关及公职人员同时享有罢免权。列宁曾指出:"任何由选举产生的机关或代表会议,只有承认和实行选举人对代表的罢免权,才能被认为是真正民主的和确实代表人民意志的机关。这是真正民主制的原则。"

——《列宁全集》第 26 卷

再次,从公社的革命措施看。

材料呈现

> 政治上:(1)废除旧军队、警察……代之以新的国民自卫军。(2)公社委员会是经普选产生的国家最高权力机关。(3)公职人员由民主选举产生,人民有监督权和罢免权。

教师讲述

这些措施意味着巴黎公社是超越旧制度的新尝试,它不是简单的掌握现有的国家机器来达到自己的目的,而是打碎旧的国家机器,建立无产阶级专政,这是以往任何一次工人运动所不曾有的情况。

材料呈现

> 经济上:(1)没收逃亡资本家的工厂,交给工人合作社管理。(2)国家公职人员的最高年薪不得超过一般技术工人的工资。(3)任何公私机构都不得收取罚款和任意克扣职工工资,职工原薪应全数发放。(4)取缔面包房夜班制,不得在早晨五时前开工,凡违反者一律没收其面包,交由区政府分给穷人。

教师讲述

可见,巴黎公社在打碎旧的国家机器的同时,触及了资本主义私有制,也把资本家一心追求高额利润、不顾工人死活的做法丢进了垃圾桶,公社的这些措施反映了工人阶级的利益,表明公社是工人阶级的政府,体现了对劳动人民的深切关怀。

最后,从巴黎公社主要领导人的阶级成分看。

巴黎公社选举出来的公社委员实际履职的 64 人中,工人 27 人,几乎占半数,职员 8 人,自由职业者 29 人。而且还有不少是第一国际的会员。马克思在《法兰西内战》中说,"大多数自然都是工人,或者是公认的工人阶级的代表"。

三、微课小结

巴黎公社是无产阶级建立政权的第一次伟大尝试。

1. 从成立背景看,它是在巴黎工人武装起义的基础上建立的。

2. 从公社产生的过程和对公社委员的要求看,公社委员是由广大工人群众选举产生的,并保障人民对公职人员拥有监督权和罢免权,这是公社实行无产阶级民主的伟大实践。

3. 从巴黎公社的革命措施看,一切都是以维护广大劳动人民的利益为出发点,体现了对劳动人民的深切关怀;体现了触及资本主义私有制,打碎旧的国家机器,建立无产阶级专政。

4. 从巴黎公社主要领导人的阶级成分看,多数是工人或公认的工人阶级的代表,巴黎公社许多成员还是第一国际的成员,他们受到了马克思主义的影响。

四、微课思考

通过从巴黎公社成立背景、公社产生过程和对公社委员的要求、公社的革命措施及公社主要领导人的阶级成分等四个方面来分析巴黎公社政权的性质,学生对其有一个完整的理解,同时也理解在这四个方面中,巴黎公社的革命措施是判断其性质的最重要指标,从而得出课本中的最后一个结论:"巴黎公社是无产阶级专政的一次伟大尝试。"巴黎公社的革命措施很具体,教师可以不拘泥于教科书中所列的几项,多找些史料来论证,为课堂所用,增加学生的阅读量。

马歇尔计划

宁波中学　胡太伟

一、选题背景

《美苏争锋》中"马歇尔计划"限于篇幅只交代了该计划的时间、作用和地位，且只是些纯粹的结论，学生在学习"马歇尔计划"时产生了诸多疑问，其中"如何理解'马歇尔计划'既援助西欧又控制西欧，并且是冷战的重要组成部分"这个问题对学生来说较有难度。本微课旨在通过提供部分相关史料让学生了解"马歇尔计划"的来龙去脉，并理解美国实行"马歇尔计划"的目的和所起的作用。

二、微课实录

教师讲述

"马歇尔计划"又称"欧洲复兴计划"，因美国前国务卿马歇尔在哈佛大学发表演说首先提出而得名，从1948年到1952年，欧洲共有16个国家接受了美国129.92亿美元的援助，其中：英国获得32亿美元，法国获得27亿美元，德意志联邦共和国获得14亿美元（90%是赠予，只有10%是贷款）。英国前首相丘吉尔称赞其为"人类历史上最慷慨的举动"。

问题提出

被誉为人类历史上最慷慨的举动的"马歇尔计划"却被时任英国外交大臣的艾登认为"美国不是没有私心的"。你是否同意以上观点，并说明理由。

材料呈现

　　材料一　……在一切认为适时和有希望的地方,努力扩大苏联的势力范围,目前这种努力仅限于某些邻近地区,如伊朗北部,土耳其……但是,一旦暗藏的苏联政府的力量扩张到新的地区,其他地点随时都可能发生问题……总结起来,我们面对着一个政治力量,它狂热地坚信,它和美国之间不可能有永久性的妥协办法。他坚信,如果苏维埃政权要得到巩固,那么搞乱美国社会的内部和谐,破坏我国传统的生活方式,以及损害我国在国际上的权威,这种做法是可取和必要的……但是我愿表白我的信念,这个问题是我们有能力解决的,而且不必通过一场全面的军事冲突来解决。

　　　　　　　　　——美国驻苏联大使馆代办乔治·凯南致国务院电报第511号

教师讲述

美国驻苏联大使馆代办乔治　凯南致国务院电报第511号,即有名的"8000字长电报",全面分析了战后苏联的"理论、政策、意图和做法",认为苏联将在适当时间和地方扩大势力范围,并且破坏美国的利益,因而提出了"遏制"苏联的"冷战"政策。其后被美国政府采用,为美国政府推行遏制苏联和共产主义的政策提供了依据。

材料呈现

　　材料二　希腊之生存已受到恐怖分子威胁,由共产党领导之数千武装人员在甚多地区,尤以北方边界各处,违抗政府的命令……加诸自由人民之独裁政权,无论其为直接或间接侵略均足以贻害国际和平和美国之安全……美国的政策是"支持正在抵抗武装的少数人和外部压力企图使之屈服的自由人民,帮助自由独立的国家保持独立"。

　　　　　　——杜鲁门在美国国会特别联席会议上关于援助希腊和土耳其的演说

教师讲述

上述讲话成为后来的"杜鲁门主义"的主要基调,它标志着美国公开对外宣称要求遏制苏联和共产主义,成为美国对外政策的转折点,为美国的政策确定了基本方向,此后的政策和措施都基本沿着该方向发展。1947年6月5日,"杜鲁门主义"刚刚出笼3个月,美国国务卿马歇尔就在哈佛大学发表演说,提出了"马歇尔计划"。

材料呈现

　　材料三　事情的真相是:三四年后,欧洲对外来粮食和其他大部分来自美国的主要产品的需要较诸它目前所能偿付的能力要大得多,因而它必须获得实质上的额外援助……美国经济的后果如何,也应该使大家明白。美国应该尽力协助世界恢复至健全的常态,没有它,也就没有政治的安定,没有牢固的和平。我们的政策不是反对任何国家、任何主义,而是反对饥饿、贫穷、悲惨、混乱。我们的任务是唤起合理经济的再生,促使政治社会的结构容纳自由制度。……我们相信任何政府诚意协助复兴工作的,必会得到美国政府的全部合作。任何政府勾心斗角阻挠他国复兴工作的,必不能享用我们的援助。……显然地,欧洲国家,对于个别需要,各国应尽的努力,以期美国政府的行动,不至于失效各点,事先应该由欧洲提出,……这是欧洲人的事情……这个计划必须是联合性质的,假使不能商得所有欧洲国家的同意,也得商得一部分国家的同意。

——马歇尔在哈佛大学的演说(1947年6月5日)

材料四 马歇尔计划的条件:受援国要把援助资金作为公开用途,而且要把大部分资金用于购买美国的出口货物;并且必须把自己纳进整个欧洲体系。

教师讲述

从材料中我们可以看出"马歇尔计划"在看似反对饥饿、贫穷、悲惨、混乱的表象下,其实有着极强的目的。从"欧洲对外来粮食和其他大部分来自美国的主要产品的需要较目前的偿付能力要大得多"和"要把大部分资金用于购买美国的出口货物"可以看出美国援助西欧是进行变相的资本输出和商品输出,这会起到促进美国经济发展的作用。从"受援国要把援助资金作为公开用途","并且必须把自己纳进整个欧洲体系"可以看出美国利用西欧国家在经济重建中有求于美国的机会(为了获得援助,不得不以答应苛刻条件牺牲主权为代价,加深了欧洲对美国的依赖)控制了西欧。从材料"我们的任务是促使政治社会的结构容纳自由制度"可以看出美国是为了巩固资本主义的秩序,同时也是为了遏制苏联和共产主义在西欧的扩张,因为苏联和东欧国家要想从"马歇尔计划"中受益,必须把自己纳入整个欧洲体系,这在事实上不可能,因为经济制度迥然不同,根本无法纳入同一个体系。

三、微课小结

由此,我们可以看出美国的目的:打着意识形态冲突的旗帜进行援助是表象,促进美国经济发展,实现控制西欧、遏制苏联和共产主义,实现称霸全球的国家利益才是其真实目的。但同时客观上也起到了帮助西欧度过困难时期和促进经济发展的作用。同学们通过上文也要看到"杜鲁门主义"为"马歇尔计划"确定了方向,"马歇尔计划"是"杜鲁门主义"在经济方面的第一次大规模运用,同时要考虑到"马歇尔计划"为北约成立奠定了经济基础,三者共同构成了两极格局下两大阵营对抗的主要表现。

> **练习题**　"马歇尔计划"的目的和作用是什么?

四、微课思考

历史现象只是历史事件的外在表现,这个表象有可能是历史事物的本质,也可能不是,过于简单的结论往往使学生不能理解知识的本质和知识间的联系,我们教师要通过补充相关史料对教材进行知识拓展,帮助学生了解历史事件的来龙去脉,并在此基础上进行延伸和挖掘,引导学生水到渠成地深入认识历史事件的真相,从而达到两个目的:培养学生的思维能力和让学生学会认识历史事件的基本方法。

雅尔塔体系和两极格局的关系

宁波中学　胡太伟

一、选题背景

在必修一《美苏争锋》一课中提到第二次世界大战后期,雅尔塔等国际会议确立了以美苏为主导的国际关系新体制,即雅尔塔体制,它勾画了战后世界两极格局的基本轮廓。教材篇幅有限,对雅尔塔体系的来龙去脉和概念未作说明和解释,导致学生无法真正理解雅尔塔体系和两极格局的内涵和关系。因此需要对这一知识点作较为详细的说明。

二、微课实录

问题提出

什么是国际体系和国际格局？它们之间是怎样的关系？

材料呈现

　　国际体系,是指在特定历史时期,彼此进行互动的主要世界大国,按照一定的结构形式结合在一起所构成的整体。(其中结构是指互动的主要大国按照一定的机制和方式作用的状态和结果)。

　　世界格局,是指在国际舞台上的主要政治力量从自身利益出发,在一定历史时期内相互制约所形成的一种稳定的结构状态,一种力量对比态势,包括政治格局、经济格局、军事格局等。

教师讲述

比较两个概念我们可以得出国际体系和世界格局的关系:国际体系是互动的主要大国构成的整体,国际体系的结构是主要大国互动的关系状态和结果,即世界格局,世界格局从属于国际体系,它是国际体系的重要组成部分。例如,冷战时期,美苏两国的竞争和敌对使它们成为一组互动的个体;两国通过竞争和敌对的互动,最终在实力上形成了均势(彼此势均力敌,新现实主义将其作为当时国际体系的结构,一种基于实力的物质结构),在观念上形成了竞争和对抗的意识(彼此均把对方看作竞争对手和敌对国家,想从根本上消解和改变对方,温特将此作为当时国际体系的结构,一种观念结构)。那么,我们就可以说,美苏两国共同构成了一个国际体系,这一国际体系有一个均势的物质结构,或者更深一层来说,有一个由竞争和对抗意识构成的观念结构。这种结构,就是彼此互动的美苏两国进行空间排列和相互作用的机制和方式,也是他们互动形成的状态和结果。

问题提出

雅尔塔体系是怎么回事?它反映了什么实质?

材料呈现

雅尔塔体系是对1945—1991年间国际政治格局的称呼,得名于1945年初美、英、苏三国政府首脑罗斯福、丘吉尔、斯大林在苏联雅尔塔举行的雅尔塔会议。

教师讲述

雅尔塔体系是对1945—1991年间国际关系的总称。从时间上来说,主要是指第二次世界大战后期(1943—1945年),反法西斯盟国的主要领导人,从德黑兰、雅尔塔直至波茨坦会议及另一些重要的双边和多边会谈中所形成的一系列公报、协定、议定书、声明和备忘录等一致确认的对战后世界秩序所作的安排。从内容上看:一是如何打败法西斯;二是如何安排战后世界。具体内容如下:(1)如何最后打败德、日法西斯,如何处置战败国,以防止法西斯主义东山再起;(2)重新绘制战后欧亚的政治地图,特别是重新划定德、日、意法西斯国家的边界及被其占领区的归属和边界;(3)建立联合国组织,作为协调国际争端,维持战后世界和平的机构;(4)对德、日、意的殖民地以及国联的委托统治地实行托管计划,原则上承认被压迫民族的独立权利等。

问题提出

雅尔塔体系对战后世界做出了怎样的安排?导致了什么后果?

教师讲述

雅尔塔体系把欧洲一分为二，东西欧分别被苏联和美国控制；德国一分为二，社会主义的民主德国和资本主义的联邦德国分别被苏、美控制；朝鲜一分为二，社会主义的朝鲜和资本主义的韩国分别被苏、美控制。从以上我们可以看出雅尔塔体系的有关安排的实质是美苏以实力为基础二分天下。而这使美苏两国处于竞争关系，极有可能导致美苏走向对抗。后来的事实证明美苏为了维护自己的国家利益——美国先后出台了"杜鲁门主义"，实行了"马歇尔计划"，组建了北约；苏联针锋相对地成立了共产党和工人党情报局，建立了经济互助委员会，组建了华约——最终走向了政治、经济、军事的全面对抗，形成了以美国为首的资本主义阵营和以苏联为首的社会主义阵营以冷战为方式全面对抗的两极格局。

三、微课小结

一方面雅尔塔体系以美苏实力为基础二分天下，为美苏对抗的两极格局奠定了基础。

另一方面美苏在雅尔塔体系的安排下，最终走向了政治、经济、军事的全面对抗，形成了两极格局。两极格局是雅尔塔体系的国际关系的体现和重要组成部分。最后在雅尔塔体系下的两极格局，美苏双方采取的政治、经济、军事等方面的对抗方式是冷战，即全面冷战、局部热战。

练习题　雅尔塔体系、两极格局和冷战的关系是什么？

四、微课思考

历史概念是在历史表象的基础上经过思维活动抽象概括而成的，在一定程度上反映历史事物的本质属性，是理性认识历史的起点。但是如果教材的历史概念缺乏史料做支撑，会导致学生无法理解历史概念。进行历史概念教学需要充分援引关键史料进行具体阐述，并且进行相关概念的说明和比较，引导学生先解读上位概念，再解释下位概念，理解两个概念之间的关系，这才有利于让学生认识历史概念的本质内涵，培养学生基本的历史思维能力。

第三世界的不结盟运动和中国的不结盟政策的关系

宁波中学　胡太伟

一、选题背景

必修一专题九第二节和第三节提到了亚洲、非洲、拉丁美洲的不结盟运动，必修一专题五第三节提到了新中国实行的独立自主的和平外交政策在新时期体现为不结盟等概念。中国是不结盟运动的观察员国，并非成员国，第三世界的不结盟运动和我国的不结盟政策到底有什么关系？中国为什么要采用不结盟方式？不结盟和结盟方式的利弊是什么？第三世界有关不结盟运动之宗旨和原则的大段表述的内在联系是什么？教材尚未进行说明，学生在学习过程中不易理解且易模糊，很难把握两者之间的联系和区别。本微课旨在说清两者的关系，以加深学生对相关知识的理解。

二、微课实录

问题提出

什么是结盟外交和不结盟外交？有什么利弊？

材料呈现

　　结盟外交是两个或两个以上国际实体在正式或非正式安全协定之上开展的外交。结盟外交的本质是博弈，其任务是管理彼此间安全合作关系，尤其是随着国际形势的变化，决策者如何因势利导、调整与各方的权利与义务关系。

——孙德刚《多元平衡与"准联盟"理论研究》

教师讲述

从结盟的概念我们可以看出,结盟是建立在协定基础上的外交,缔约国享有协定规定的权利,履行协定规定的义务。例如《北大西洋公约》规定:各缔约国同意,对于其中一个或者数个缔约国的武装攻击,应视为对缔约国全体的攻击,每个缔约国应单独并会同其他缔约国采取必要的行动,包括使用武力,以维护缔约国的安全。这个规定说明缔约国享有受武装攻击时被援助的权利和承担援助其他受攻击缔约国的义务,结盟带来的直接结果是要受制于缔结条约甚至某些强大国家。

材料呈现

不结盟外交是指不加入任何大国集团,强调独立自主、和平共处。

教师讲述

实行不结盟政策的优点在于保持自己的行动自由,不受制于某些大国和缔结的条约,有利于维护独立自主,避免卷入集团纷争和摆脱大国控制。缺点在于当遭受侵略和武力威胁的时候,缺乏有缔结条约保障的援助和支持,甚至会陷入孤立。而实行结盟政策的优点在于当遭受侵略和武力威胁的时候,可以得到缔结条约保障的援助和支持,不至于陷入孤立。缺点在于受制于条约规定,不利于独立自主。

问题提出

第三世界不结盟和中国不结盟政策的含义有什么区别和联系?

材料呈现

1961年,不结盟首脑会议筹备会议,提出参加不结盟运动五个条件:(1)赞同不同社会制度国家和平共处和实行不结盟的独立自主政策;(2)支持民族解放运动;(3)不参加以大国对抗为背景的军事集团;(4)不按照大国间对抗为背景的意图签订双边军事同盟;(5)不为大国的对抗提供军事基地。

——李琮《第三世界论》

教师讲述

从第三世界参加不结盟运动的五个条件中第一条要求赞同独立自主政策和第四条不按照大国意图签订双边军事同盟,我们可以看出,不结盟运动的目的是为了维护第三世界的独立自主。从第三条不参加大国军事集团和第五条不提供军事基地,我们可以得出以非集团的方式作为实现独立自主的保障,独立自主是第三世界不结盟运动的核心宗旨和原则。要实现独立自主，必须做到政治独立自主、自主发展民族经济、自主发展民族文化，而要做到政治、经济、文化的自主发展，在未获得独立前必须反对新老殖民主义、种族主义，在获得独立后必须反对霸权主义的控制，建立公正合理的国际政治经济新秩序。因此，教材中有关第三世界不结盟运动的宗旨原则的大段表述的内在逻辑应理解为：独立自主是核心原则，非集团是手段，政治、经济、文化独立和反对新老殖民主义、种族主义和霸权主义，建立公正合理的国际政治经济新秩序是任务。

材料呈现

　　1984年，邓小平提出："中国的对外政策是独立自主的，是真正的不结盟。"中国坚定地站在世界和平力量一边，谁推行霸权主义就反对谁，谁发动战争就反对谁。中国不屈从于任何外来压力，不同任何大国或国家集团结盟，坚持在和平共处五项原则的基础上发展同一切国家的正常关系，坚决反对任何国家以社会制度、意识形态或价值观念的不同为借口，对别国的主权和内政进行干涉。

——人民版高中历史必修一 P95

教师讲述

　　从材料中我们可以看出，中国的不结盟政策是以独立自主为核心宗旨，不依附于任何大国或者国家集团，反对任何国家对别国的主权和内政进行干涉，是以实现和平共处为目标，为中国的改革开放赢得了良好的外部环境。通过以上分析我们得出：中国和第三世界的不结盟政策的核心宗旨和实质都是为了实现独立自主，都以非集团为方式，只是第三世界不结盟政策是在20世纪60年代一系列新独立亚非拉国家成为美苏争霸激烈争夺的中间地带，国家主权面临威胁的背景下防止被卷入美苏两大集团对抗，维护主权独立而提出的政策，而我国的不结盟政策是20世纪80年代邓小平根据中国长期以来的外交实践经验和国内国际形势的新变化为我国经济建设争取和平环境而提出的外交方针，两者含义、宗旨、方式相同，只是提出的时间和时代背景不同，这也是我国和其他第三世界国家共同的经历和面临的共同任务所决定的。

> **练习题**　第三世界的不结盟运动和中国的不结盟政策的提出背景和宗旨是什么？

三、微课思考

历史概念上承历史知识,下联历史规律,是历史知识体系中的重要中间环节,选取相关史实和事件对历史核心概念进行比较教学,有利于学生理解历史概念之间的区别和联系,加强对知识的理解和运用,也有利于培养学生更全面深刻地认识历史现象的能力。

古代中国灌溉工具的演进

奉化中学　林雪松

一、选题背景

千百年来,中国农民长期在"旱"与"涝"的双重威胁下艰难劳作,水利成为中国传统农业发展的命脉。水利这一部分内容是《古代中国农业经济》一课的重要组成部分。教材中对于水利工程的介绍较为具体。教材用了两大段文字介绍了战国时期的都江堰和郑国渠、汉代关中地区的井渠、东汉时期王景治理黄河等著名水利工程。但教材对古代中国灌溉工具的发明与改进只用了一小段文字,而且并没有全部配上插图,所以学生对于灌溉工具的改进难以形成深刻认识。

事实上,中国古代的灌溉工具类型多样,各具特色。各个时期的代表性灌溉工具充分体现了古代劳动人民的智慧。因此有必要对这一知识作一个简要的说明。

二、微课实录

教师讲述

1. 水利的重要性

你能否用一句话来说明水利对于农业的重要性?没错,"水利是中国传统农业发展的命脉"。水田灌溉用水最初来自天然河流。随着我国农业经济的发展,水源甚至成为不同利益集团之间争夺的焦点。北宋诗人张耒在《旱谣》中提道:

七月不雨井水浑,孤城烈日风扬尘。

楚天万里无纤云,旱气塞空日昼昏。

土龙蜥蜴竟无神,田中水车声相闻。

努力踏车莫厌勤,但忧水势伤禾根。

道傍执送者何人,稻塍争水杀厥邻。

五湖七泽水不贫,正赖老龙一屈伸。

可见在一些水资源相对匮乏的地区,每当稻田灌溉高峰季节,往往因为争夺水源而发生械斗,甚至为此酿出人命。

2. 古代主要灌溉工具简介

中国古代文明是农耕文明,农耕之本是水,古代劳动人民创造了众多灌溉工具以满足农田对水的需求。

隋唐五代时期,北方使用立井水车,南方使用高转筒车;宋代出现水转翻车;明清时期出现风力水车。教材中还用两张插图介绍了使用人力的戽斗和依靠人力的翻车。

时期	灌溉工具	备注
隋唐五代	立井水车	北方为主
	高转筒车	南方为主
宋代	水转翻车	利用自然力
明清	风力水车	

下面我们通过图片和文字材料来简要梳理古代重要的几种灌溉工具。

(1) 古老的灌溉工具

①陶瓶。早在新石器时代,我国劳动人民就开始用各种陶制容器盛水"抱瓮而灌"了。陶制的容器虽然简陋,但是凝聚了中华民族非凡的智慧。尤其是在新石器时代遗址中发现了小口尖底陶瓶,在设计上充分考虑了力学重心问题,从而使提水操作非常巧妙。《荀子·宥坐》中就记载了这样的陶器:欹器,说它"虚则欹,中则正,满则覆"。即陶瓶空时倾斜,为"欹";水半满时直立,为"正";水全满时倾覆,为"覆"。小口尖底陶瓶是新石器时代出色的灌溉工具。

②戽斗。戽斗又称"撇斗子",也是我国非常古老的灌溉工具。

戽斗

> 戽斗,挹水器也……凡水岸稍下,不容置车,当旱之际,乃用戽斗。控以双绠,两人挈之,抒水上岸,以溉田稼,其斗或柳筥,或木罂,从所便也。
>
> ——(明)徐光启《农政全书》卷十七

教师设问

结合材料和所学知识,请你说明戽斗的使用方法和优点。

教师讲述

戽斗常用竹篾、藤条等编成,略似斗,两侧各系两条长绳。使用时二人相对站立,拉绳将其左右摆荡,可将低处水舀起甩向高处,完成灌溉。戽斗结构简单,价格低廉,容易制造,是非常简单实用的灌溉工具。

(2)小面积土地的灌溉工具

唐宋以后,随着农业生产的发展,农田耕作面积不断增大,需要灌溉的田地越来越多。

①桔槔(jié gāo)。"后重而前轻,俯仰如人意,并可以施其巧,此车、槔所以别也。"这里说的正是桔槔。它利用杠杆原理担水,可大大节省劳力。它大约出现在春秋战国时期,结构较为简单。用一根横长杆,将其中间竖向支撑或悬吊。横杆的一端是取水器,另一端绑上一块重石。汲水时,人用力将汲器往下压,横杆上绑石头的一端就上升,当汲器汲满水后,石头一端下降,就能轻松把水提拉至所需的位置。应用桔槔的汲水过程主要是借助人的体重向下用力,因而大大减轻了人们提水的疲劳感。

②辘轳。随着农田耕作规模的扩大,桔槔已经不能满足农田灌溉的需要了。于是出现了另一种灌溉工具——辘轳。辘轳便于深井汲水,弥补了桔槔的功能缺陷,满足了农田灌溉对水资源的进一步需求。辘轳是利用轮轴原理的产物。它的主要部件是一根短圆木,下面有三条腿的木架做支撑,短圆木可环绕其中心轴转动。圆木上绕绳索,绳索一端固定,另一端悬挂陶罐或水斗。汲水时转动圆木松开绳索放下陶罐或水斗,水满时反向转动圆木使绳索重新缠绕到圆木上,就可将水提出。

(3)大面积土地的灌溉机械

唐宋以后,南方的山坡梯田也得到开发,解决水源问题迫在眉睫。为了将低处的水连续地提升到高处,满足大面积田地的灌溉需要,古代劳动人民发明了水车这一灌溉机械。水车的出现使得农业灌溉能力大大提高,并使农业生产规模进一步扩大。

①灌溉机械的第一阶段——翻车。翻车也叫龙骨车,是利用链轮传动来带动水槽内的刮板翻转从而将低处的水引向高处的灌溉机械。翻车在东汉时已经出现。后经过三国时马钧的改良成为灌溉园圃的工具,直到唐代才成

辽阳三道壕汉代辘轳壁画

为农业灌溉机械而发展繁盛起来。

A.人力翻车。人力翻车是靠人力作为驱动来带动翻车工作的。人力翻车又可分为手摇式翻车和脚踏式翻车,两者结构基本相同。手摇式翻车又称拔车,是依靠手摇车拐来带动大齿轮转动,从而将水由低处运到高处。脚踏式翻车是在大齿轮轴的两端安装脚踏板,人脚踩动踏板就可驱动大齿轮和木链轮转动将水提到高处。因脚的力量远远大于手的力量,所以脚踏式翻车更省力,灌溉效率也更高。

使用人力的翻车

B.畜力翻车。畜力翻车是由牛或驴等家养牲畜带动翻车链轮转动的翻车。畜力翻车在结构上与人力翻车相似,不同之处在于增加了一套畜力传动装置,即在脚踏式翻车的基础上增加一对互相咬合的水平卧轮和竖向立轮。由于牲畜的力气比人大许多,因而王祯在《农书》中说畜力翻车"比人踏功将倍之"。

C.水转翻车和风力翻车。这两种翻车是以水流或风力来带动翻车木链轮转动、刮水板上行的翻车。水转翻车虽无需人力、畜力,但只能在水流有落差的地方使用,因此使用范围比较有限。风力翻车有风就转,并且能根据风向进行调节,因而也常用于排涝工作。

②灌溉机械的第二阶段——筒车。筒车大约发明于隋唐时期,是利用水流冲击水轮转动的农业灌溉机械。筒车是靠激流冲击来实现自动运转的。此种筒车日夜不停地取水浇地,不用人畜之力,功效高。筒车的水筒与水轮联成一体,既是接受水力的驱动构件,又是提水倒水的工作构件,其结构简明紧凑,设计构思巧妙。但筒车的使用受到一定地形的限制。

A.水转筒车。水转筒车,也称水轮,是用水力带动立轮转动的灌溉机械,常常安置在水流湍急的河岸边。水转筒车由立轮、汲水器、水槽三部分组成。作为汲水器的木筒或竹筒在立轮上呈中心对称状均匀排列。木筒或竹筒转动到立轮下部浸入水中时,筒口倾斜向上装水,而转动到立轮上部时筒口倾斜向下倒水。水转筒车在安装时必须将立轮底部浸入水中一定深度,这样流水产生的冲击力才能使其转动。同时立轮的顶部要高于提水高度,这样才能将提高的水注入水槽,实现农田灌溉。

B.畜力筒车。同畜力翻车一样,畜力筒车也是用牛、驴等牲畜力来带动筒车转动的灌溉机械。

高转筒车

  C. 高转筒车。高转筒车的提水高度比一般筒车高,适合架设在水面很低而河岸很高的地方。高转筒车由上、下两个立轮构成,上立轮置于岸上、下立轮半置于水中,两立轮之间有竹制链锁环绕相连,在链锁之上等距排列竹筒。整体以木结构为主,结构庞大。工作时由人力或畜力转动上立轮,上立轮再带动竹制链锁运动,竹筒也跟着运动。竹筒转至下立轮处汲水,然后继续运动上行至上立轮最高处后开始转向下行,同时将水倒出。如此循环往复就完成了在高岸上从低处汲水的工作。

  D. 立井水车。在北方缺水的地方还出现了立井水车,可以抽取地下水进行灌溉。

教师:以上大型灌溉工具从动力装置上看,有什么演变的趋势?

学生:由最初的人力发展为利用畜力和自然力(水、风等)作为动力。

三、微课小结

  古代灌溉工具对古代农业的发展是举足轻重的。当今虽然这些灌溉工具已被现代化灌溉机械取代,但是作为"人体功能的延伸",古代灌溉工具不仅反映出了古代劳动人民的智慧,更反映出了古代劳动人民因地制宜的设计思想,折射出人与自然之间纯朴而和谐的关系。

四、微课思考

  学习古代中国的灌溉工具,如何与了解古代中国农业经济的基本特点联系起来呢?古代中国的灌溉工具虽然结构巧妙,但还是缺乏革命性的改进。从动力的角度来说,大多为人力、畜力或自然力。而以人力为动力的灌溉工具,如戽斗、桔槔等使用最为普遍,这是和我国古代以小农户个体经营为主的农业经营方式密切相关的。

  学习古代中国的灌溉工具,还可联系《浙江省普通高中历史学科教学指导意见》中"培养生态意识和环境保护意识,提高人文素养"这一条要求。中国古代的灌溉工具,都能很好地利用自然地形地貌,根据当地的水文条件进行设计,体现出尊重自然的"因地制宜"思想。

唐三彩是陶还是瓷

奉化中学　林雪松

一、选题背景

唐三彩是陶还是瓷？这是学生经常提出来的一个问题。产生这一问题的原因可能有以下三点：

1. 陶和瓷容易混淆。习惯上，我们一直将陶与瓷并称，所以学生很容易把陶器和瓷器误以为是一回事。即使知道两者其实并不相同，但又说不清区别在哪里。

2. 教材对于唐三彩的介绍很简略。唐代陶瓷业的发展成就是《古代中国的手工业经济》一课的重点内容。教材用较多的篇幅介绍了唐代瓷器业的成就，介绍了白瓷、青瓷、长沙铜官窑的釉下彩绘等知识。但对于唐三彩着墨不多，只用了一句话介绍它——"中国古代独特的美术陶制品'唐三彩'曾经风靡一时"。

3. 工艺类似瓷。由于唐三彩表面也施釉，如果学生看到过唐三彩的图片，就很容易凭借这个特点将它误认为瓷。

二、微课实录

教师设问

在学习"唐代陶瓷业的发展成就"这一知识点时，有同学向老师提出一个问题：唐三彩是陶还是瓷？如果是陶器，为什么它的表面要施釉呢？我们首先来说说陶与瓷的区别。

教师讲述

1. 陶与瓷的区别

把陶与瓷相提并论称为"陶瓷"这种说法由来已久,它反映了陶和瓷都是火与土的艺术。由于陶器发明在前,瓷器发明在后,所以瓷器的发明受到了陶器生产很多方面的影响,如人们对火的性能的掌握,对黏土特点的充分认识等。

"陶"字古作"匋",外从勹,象形,内从缶,指事。缶指大肚子的粗陶。陶字表示缶在窑里烧的意思。据汉代许慎《说文解字》的解释是"瓦器"。汉代司马迁《史记》上也说"匋,瓦器也"。"瓷"字是后来才出现的,表示其发展时间在瓦之后,时间上次于瓦之意。由此可见,瓷器源于陶器,是陶器生产发展的产物。

陶与瓷无论是物理性能还是化学成分都有本质的不同,陶器和瓷器的区别主要表现在以下几点:

(1)胎料:陶器的胎料一般是普通的黏土;瓷器的胎料则是瓷土,即高岭土(因最早发现于我国江西景德镇市高岭村而得名)。

(2)胎色:陶胎含铁量一般在3%以上,一般呈红色、褐色或灰色,且不透明;瓷胎含铁量一般在3%以下,胎色为白色,具透明或半透明性。

(3)烧成温度:陶器的烧成温度一般在700—1000℃左右,瓷器则需要1200℃以上的高温才能烧成。

(4)釉:陶器多不施釉或施低温釉,瓷器则大多数都施釉。

(5)吸水率:陶器胎质粗疏,断面吸水率高;瓷器经过高温烧制,胎质坚固致密,断面基本不吸水。

(6)坚硬度:陶器烧成温度低,坯体并未完全烧结,敲击时声音发闷,胎体硬度较差,有的甚至可以用钢刀划出沟痕;瓷器的烧成温度高,胎体基本烧结,敲击时声音清脆,胎体表面用一般钢刀很难划出沟痕。

可用下表表示:

	胎料	胎色	烧成温度	釉	吸水率	坚硬度
陶器	普通的黏土	一般呈红色、褐色或灰色;不透明	700—1000℃	不施釉或施低温釉	高	硬度小
瓷器	高岭土	一般为白色;透明	1200℃以上	大多数都施釉	低	硬度大

值得注意的是,两者最重要的区别在于胎料和烧成温度。

除以上几点外,陶与瓷的不同之处还表现在:陶器的发明并不是某一个国家或某一个地区的专有发明,它为人类所共有。任何一个早期的农业部落都有可能制作出陶器。而瓷器则是我国独特的创造发明,在夏商始有原始瓷的生产,经西周至西汉的过渡阶段,到东汉已成功制作出成熟瓷。所以说中国是瓷器的故乡。然后通过海路和陆路大量输出到海外,才使制瓷技术在世界范围内得到普及。

2. 唐三彩的工艺原理及兴起原因

(1) 工艺原理

唐三彩是一种低温铅釉陶器。在色釉中加入不同的金属氧化物,经过800—900℃的温度烧制而成。在烘制过程中,各种釉色自行熔融开来,向四周扩散流淌,发生化学变化,相互浸润、斑驳淋漓,形成五颜六色的斑点,色彩自然协调,是一种具有中国独特风格的传统工艺品。

三彩胡人牵骆驼俑(现藏于故宫博物院)

如右图所示,唐三彩在烧窑过程中,形成浅黄、赭黄、浅绿、深绿、天蓝、褐红、茄紫等多种色彩,但多以黄、绿、白三色为主。唐三彩在色彩的相互辉映中,显出堂皇富丽的艺术魅力。

但是因为它的胎质松脆,防水性能差,实用性远不如当时已经出现的青瓷和白瓷。

(2) 兴起原因

①技术基础:汉代的低温釉陶为唐三彩的产生提供了技术基础,唐代高度发达的经济文化背景则为唐三彩的成熟发展提供了外部条件。政治的稳定,经济的发展,人民生活的富裕,带来了书法、绘画、诗歌、雕塑、工艺美术等文化艺术群芳争艳的景象。尤其是陶瓷手工业,发展极为迅速,在隋朝青、白瓷成熟的基础上进一步发展,出现了"南青北白"的局面。此外,其他南方各地也形成了很多瓷窑体系,并各自形成了独具特色的陶瓷品种。

②文化交流:唐代陶瓷手工业蓬勃发展,工艺技术不断提高,因此陶瓷新品种不断出现。政策的开明,商业贸易的发达,为多元文化的交流提供了机遇。单色釉陶、双色釉陶一经融入新的釉色就会产生多彩釉陶,唐三彩正是融入了来自北方的白色和来自波斯的蓝色而产生的一个新的釉陶品种。同时,唐王朝实行对外开放政策,有利于发展中外贸易和文化交流,这些都为唐三彩这朵艺术之花提供了产生和成长的良好土壤。

③厚葬风尚:唐三彩的兴盛离不开社会风尚的推动。厚葬是中国传统文化的一种重要现象。唐三彩当时作为一种冥器,曾经被列入官府的明文规定,根据官品可以允许

随葬多少件。但是实际上这些达官显贵们并不满足于明文规定,他们往往超出官府规定,去做厚葬。官风如此,民风当然也如此,于是从上到下就形成了这么一种厚葬之风。唐三彩作为当时随葬的冥器,正是在这一社会习俗中得以较大发展并走向成熟,从而使中国陶瓷史中的古陶器艺术出现了一次巨大的飞跃。

3. 小练习:影视剧中的唐三彩

我们来看左边的一幅剧照,看看有什么不符合史实的地方?

穿越清朝剧《宫锁心玉》中的女主角晴川被送到太子府,太子屋里竟然摆放着唐三彩。唐三彩在古代是冥器,专门用来随葬的,太子怎么会把这种东西摆放在自己屋里呢?

三、微课思考

"唐三彩是陶还是瓷?"虽然是个小问题,但它却是学生理解的一个难点,在教学中理应予以一定的重视。对陶与瓷的区分也是一个生活常识,学生掌握之后,可以在购买陶瓷产品、观看影视作品时学以致用。

中国古代商人群体的真实形象

奉化中学 林雪松

一、选题背景

中国古代的主要经济政策是"重农抑商"。社会舆论对商人和商业总体上持否定态度。说到商人群体,我们常常会想起"无商不奸"这句俗语,意思是说商人都是狡诈的,带有贬义。当"奸商"成为一种文化定式,学生也就容易同质化地认识和看待以个体存在的古代商人,犯以偏概全的错误。

不管我们印象中的商人形象如何,不可否认的是,正是在他们的努力下,我国古代的商业才得以在重农抑商环境中不断发展,并长期处于世界领先地位;他们默默从事着互通有无的工作,满足着千千万万百姓的生活需求。在他们身上,我们看到传统商业文化也是中国传统文化的一部分。对于我们后人来说,还原他们的真实形象,传承他们的优良传统,是我们义不容辞的责任。

二、微课实录

教师设问

说到商人,有同学随口便说"无商不奸",可有的同学说是"尖"不是"奸",即无商不"尖"。这是怎么回事呢?

教师讲述

"无商不尖"的典故原意是:旧时卖米买米以升斗作量器,卖家在量米时会以一把红木戒尺之类的东西削平升斗内隆起的米,以保证分量准足。成交之后,商家会另外在米筐里再加上一点米,这样就会在已抹平的米表面鼓成一撮"尖头"。这种做法自然很让客人受用,于是渐成习俗。故有"无商不尖"之说。这也体现了传统商业经营中"和气生财""童叟无欺"的经商原则。

教师:"无商不尖"与"无商不奸"相差万里。为什么前后会出现如此大的差别呢?历史上商人的真实形象究竟是什么样的呢?让我们来看看历史学家吕思勉是怎么看待古代商人的。

材料呈现

(一)我们所要的东西,哪一方面有?哪一方面价格低廉?(二)与人交换的东西,哪一方面要?哪一方面价格高昂?都非如后世的易于知道。(三)而重载往来,道途上且须负担危险。商人竭其智力,为公众服务,实在是很可敬佩的。而商人的才智,也特别高。

——吕思勉《中国通史》

吕思勉先生的这段话,道出了商人的作用、智慧、辛苦以及所承担的风险。下面,我们凭借一些材料,从不同的角度进行解析,力图对商人多一些认识。

材料呈现

1. 先秦商人群像:经邦济世,才华横溢

范蠡像

范蠡(公元前536年—公元前448年),春秋末著名的政治家、军事家和经济学家。他虽出身贫贱,但是博学多才。因不满当时楚国政治黑暗,于是投奔越国,辅佐越国勾践。传说他帮助勾践兴越国,灭吴国,一雪会稽之耻。功成名就之后急流勇退,其间三次经商成巨富,三散家财,自号"陶朱公"。世人誉之:"忠以为国,智以保身,商以致富,成名天下。"后代许多生意人皆供奉他的塑像,称之"财神"。

——以上材料整理自"百度百科"

吕不韦(前292年—前235年),战国末年著名商人、政治家、思想家,官至秦国丞相。公元前251年,秦昭襄王去世,太子安国君继位,为秦孝文王,立一年而卒,储君嬴子楚继位,即秦庄襄王,前249年以吕不韦为相国,门下有食客三千,家童万人。庄襄王卒,年幼的太子政立为王,吕不韦为相邦,号称

"仲父",专断朝政。吕不韦主持编纂《吕氏春秋》洋洋二十余万言,汇合了先秦各派学说。书成之日,悬于国门,声称能改动一字者赏千金。此为成语"一字千金"的由来。

—— 以上材料整理自"百度百科"

吕不韦像

教师讲述

大家基本了解了春秋战国时期的商人范蠡和吕不韦,想一想,他们二人的经历,有什么相同点和不同点?

他们都是在政治家和商人两种身份间转换,只是转换顺序不同而已。

春秋战国时期人们可在政治家和商人两种身份间自由转换,在国家政治生活中发挥重大作用。孔子的学生、商人子贡不仅深得老师、同学的喜爱,而且用自己的身份和财富,使孔子的主张传播于天下。子贡善于雄辩,办事通达,曾任鲁国、卫国之相。他还善于经商之道,为孔子弟子中的首富。"端木遗风"是指子贡遗留下来的诚信经商的风气,因此他也成为汉族民间信奉的财神。子贡有"君子爱财,取之有道"之风,为后世商界所推崇。通过对这些先秦商人的介绍,你对商人有何印象?

机智、富有才华、有责任感,只要条件允许,他们也能在国家政治和文化生活中发挥重大作用。

2. 明清商人群像:贾而好儒,义中取利

我再给大家提供一个角度。请看下面的材料。

> 徽商是指安徽徽州府的商人,因其善于忍辱负重,故称"徽骆驼"。亦贾亦儒是徽商的最大特点。"亦儒"表现为:在教育方面投入大,科举考试成材率高。在商业经营中,"徽商在经商方面表现于自觉地用儒家思想来要求自己,规范自己的商业行动,讲求义利之道,见利思义,不义之财不取也"。

"红顶商人"胡雪岩叱咤商场,成为一代巨商。更令后人称道的是,他还乐善好施,做出众多义举。在他的这些义举中,"胡庆余堂"药号的开办,尤为后人所称道。"胡庆余堂"重金聘请浙江名医,收集古方,总结经验,选配出丸散膏丹及胶露油酒的验方400余个,精制成药,便于携带和服用。此后,胡雪岩亲书"戒欺"字匾,其招牌为"真不二价"。

与徽商齐名的是晋商。有一位著名的晋商——山西平遥商人雷履泰是中国票号的创始人。1823年,他创立了中国第一家经营汇兑业务的金融机构——"日升昌"票号。那么,雷履泰如何经营票号的呢?接下来我们通过一段视频来寻找答案。

材料呈现

  视频解说词:公元1823年,雷履泰正式向东家李大全建议将颜料庄生意改成票号,取名"日升昌"。日升昌的主要客户是各种大商号,这些商号凭借一张张汇票不但安全便利地调拨了资金而且还可以用汇票支付各种款项,从而改变了传统的现金结算方式。这张关键的汇票只有一张,由客户持有,采用认票不认人的汇兑制度。汇票还设立了一套只有票号核心人员才能看懂的、用汉字作符号的密押。

教师讲述

经营方式:科学的管理制度(认票不认人的制度;防伪密押制度)。

教师:从中能够看到平遥商人身上有一种怎样的精神呢?学生:开拓创新的精神。

教师:但是创新也意味着高风险,除了刚才的科学管理制度之外,日升昌还应该怎样做才能在竞争激烈的商场之中不断发展壮大呢?我们来看这样一则故事:

  1900年,八国联军攻占北京,很多王公贵族都跟着慈禧西逃。由于时间仓促,随身只携带了山西票号的存折。一到山西,他们就纷纷跑到票号兑换银两。而山西票号在这次战乱中损失也很惨重,它们设在北京的分号不但银子被劫掠一空,甚至连账簿也被付之一炬。没有账簿,哪些人在票号里存过银子以及存了多少银子都不知道。但是,只要这些储户拿出存银的折子,不管银两数目有多大,以日升昌为首的所有山西票号都会立刻兑现。

教师:这则故事反映了平遥票号怎样的经营理念?学生:诚信的经营理念。

教师:恩,很好!而且把诚信放在怎样的位置啊?学生:最重要的位置。

教师:正是由于他们的这种精神和信念,平遥票号才得以在晚清时期不断发展壮大。在全国先后成立的51家票号中,晋商占了43家。

教师:关于商人,历史留给我们的是一个色彩斑斓的背影。他们有时表现出唯利是图而为人痛恨,有时却因诚信、智慧、辛勤而为人敬佩;他们在条件允许时能经邦济世,却也有不为人知的苦衷。由于时间关系,今天我们只是从几个角度对他们作简单的素描,有兴趣的同学可以在课下展开深入研究。

三、微课思考

在进行教学设计时,我在思考以下几个问题:学习中国古代商业史对学生的人文素养有何裨益?商人的真实形象是什么,是"无商不奸、重利轻义",还是"诚信讲义、聪敏吃苦"?古代商人创造的商业文化在今天有无传承的价值?

教材中对于商人只作了部分介绍,在知识链接中讲到了晋商和徽商,但讲解不够详细,学生对中国古代商人的形象依旧比较模糊。这一教学设计片段力图透过商业看商人,还原商人的真实形象;力图从枯燥的经济史中发掘出人性与人文,对商人在人类文明史上的作用做出客观评价;力图达到传承文化的学习目标。

中国近代民族工业特点之分析

象山中学　赵志广

一、选题背景

本知识主要讲述中国近代民族资本主义从产生到发展再经衰落的整个起伏过程。其中近代民族工业的特点贯穿于整个近代民族资本主义发展时期，因此通过分析其特点，不仅有助于师生去理解近代民族资本主义的发展，而且通过图文史料的分析还可以提高学生从史料中提取有效信息的能力，培养史论结合、论从史出的素养，指导学生学会学习历史的方法和途径。同时，中国近代民族工业的特点也是学生学业水平考试的知识内容，考核要求为C——分析。学生在考试中非常容易碰到这个知识点，因此有必要对中国近代民族工业的特点进行分析。

二、微课实录

教师设问

产生于十九世纪六七十年代的中国近代民族资本主义有什么特点呢？

材料呈现

　　材料一　据统计，1858~1911年间全国民族资本所设立的资本在1万元以上的民用工矿企业有953家，创办资本总额为2亿多元。而1901~1911年间就设立了650家工矿企业，资本总额为1.4亿多元，其中江苏162家，湖北82家，广东54家，四川42家，直隶37家，浙江36家，奉天（今辽宁）30家，福建 22 家,安徽 21 家,山东 20 家,湖南 11 家,江西 10 家。各主要工业部门具体发展情况见下表。

	1901~1911年	
	数量（家）	资本额（万元）
纺织业	82	1332.1
缫丝业	70	556.9
面粉业	53	786.8
火柴业	28	130
水电业	60	3813.8
机器业	20	352.1
矿冶业	73	2272.9

——摘编自杜恂诚《民族资本主义与旧中国政府》

教师讲述

从材料一第一句话中我们可以发现,1858—1911年间所创立的民用工矿企业中有953家的资本在1万元以上,平均资本为21万元;1901—1911年设立的650家工矿企业的资本总额为1.4亿多元,平均资本为21.5万元。不管是哪个时期创办的工矿企业,它的资金都是比较少的,规模也相对比较小。

材料呈现

材料二　华商在上海创办了六家丝厂,资本总额120万元,而同一时期,法国商人在上海开办的宝昌丝厂一家就有资本110万元,接近上海六家华商丝厂资本的总和。

——《中国近代现代史资料选编》

教师讲述

法国商人开办的宝昌丝厂一家的资本就接近六家华商丝厂资本的总和,说明相比较于外国资本主义工业,我国的民族工业资金少、规模小。

教师设问

而一个企业的技术力量往往和它的资金和规模呈正比,那么我国近代的民族工业在技术力量方面是一种什么样的状况呢?

材料呈现

材料三　发昌机器厂制造小火轮船时虽然"俱用华人",但是自身的技术力量还很薄弱,"发动机系英国制造"。到80年代,受外商企业的排挤,发昌机器厂日趋衰落。后来,它被英商在上海开办的耶松船厂吞并。

——《中国近代现代史资料选编》

教师讲述

从发昌机器厂的结局中我们不难发现为什么机器厂最终被吞并,一个很重要的原因是因为没有掌握小火轮船的核心技术——发动机技术。技术力量薄弱,对英国的技术依赖性比较高,因此受制于人,在与外商企业的竞争中缺乏优势,又受到排挤,最终衰落直至被吞并。

引导小结

因此通过三则史料的分析我们不难得出近代民族工业的第一个特点是:资金少、规模小,技术力量薄弱,对外国资本主义依赖性强。

教师讲述

刚才讲到,与外国资本相比,中国民族资本主义不管在资金还是在规模上都处于劣势。而这种劣势在整个民族资本主义发展期间一直都没有得到改变。

材料呈现

材料四

中外产业资本的比重

年代	合计(万元)	本国资本		外国资本	
		万元	%	万元	%
1913	154095	30386	19.7	123709	80.3
1936	821000	177600	21.6	643400	78.4

——吴承明《中国资本主义的发展述略》

教师讲述

从材料四中可以发现,虽然1913—1936年间出现本国资本所占比重上升、外国资本下降的趋势,但总体上,外国资本远超本国资本的情况没有发生过根本性转变。而且民族工业在整个国民经济中所占比重也是很小的。

引导小结

因此通过材料四的分析我们不难得出近代民族工业的第二个特点是:民族工业在整个国民经济中所占比重很小,与外国资本和本国封建经济相比,仍处于明显的劣势。

教师讲述

外国资本远超中国资本的一个影响就是他们有资本去投资修筑铁路、开矿等大型重工业企业,从而形成在重工业上的一种垄断并排挤中国民族资本主义,而造成中国民族资本主义的先天畸形;而且这种对比在很大程度上束缚了国内外市场的扩大。这也是民族资本主义曲折发展的一个原因。

教师设问

除此之外,是否还有别的特点呢?

教师讲述

我们再回过去看材料一,在1901—1911年间设立的650家工矿企业中,江苏162家,广东54家,直隶37家,浙江36家,奉天(今辽宁)30家,福建22家,山东20家。从地理范围上看,这些地方都位于东部沿海地区,在650家工矿企业中占了361家,所占比重还是比较大的。再比如中国最早的一批民族资本主义企业,不管是上海虹口的发昌机器厂、广东南海的继昌隆缫丝厂、天津的贻来牟机器磨坊,还是洋务派创办的开平煤矿、上海轮船招商局等也大致都位于东部沿海地区。

引导小结

第三个特点是:近代民族工业地区发展不平衡,集中于东部沿海地区,内陆少。

教师设问

那为什么大部分近代民族工业集中于东部沿海地区呢?

教师讲述

通过必修一的学习我们知道中国最早的一批通商口岸——上海、宁波、厦门、福州、广州、杭州、天津、大连等基本上都在东部沿海地区。相比较内陆而言,东部沿海地区遭受外来侵略较早,自然经济解体时间较早,程度较高,资本主义经济基础较好;而且东部有大江大河大海,交通十分便利,便于商品的运输和机器的引进;再加上东部沿海地区人口也比较集中,市场因素具备。所以中国近代民族资本主义大部分集中于东部沿海地区。

教师讲述

地域分布上的不均衡,造成了在整个中国传统的经济形式依然占据主导地位,抑制了民族资本主义的发展和实力的增强,阻碍了新的经济形式的传播,民族资本主义无法在中国形成燎原之势,近代中国的实力也没有因为资本主义的发展而有很大的提高,整体抗打击性较弱。这直接造成了民族资本主义在一战之后和抗日战争期间,因为帝国主义列强的卷土重来以及日本对东部沿海地区的轰炸而迅速衰落下去。同时也束缚了劳动力和国内市场,而这也是民族资本主义曲折发展的一个原因。

教师设问

我们再来看看第一则材料,看看还能不能发现什么没有被我们发觉的信息?

教师讲述

材料一中的那张表格,涉及了纺织、缫丝、面粉、火柴、水电、机器,大致可以分为两类:轻工业和重工业。其中轻工业有 233 家,比重工业多出 80 家,因此我们是否也可以得出在民族资本主义发展的早期,民族资本主义的发展主要集中于轻工业,尤其是纺织业和面粉业发展非常迅速,成为当时的前两大行业,原因主要是因为轻工业所投入的资金和所要求的规模、技术力量的门槛比较低。而重工业因为资金、技术上的短板而发展比较缓慢,大部分重工业被外国资本所垄断。

引导小结

第四个特点是:各部门发展不平衡,以轻工业为主,重工业发展缓慢,没有形成独立完整的工业体系。

教师讲述

以轻工业为主的经济结构,抗打击性比较弱,轻工业非常容易被吞并或破产关闭,企业的寿命普遍比较短,而且轻工业发展所带来的对社会、国家的积极影响不仅是短暂的更是有限的。而衡量一个国家实力的标杆恰恰是重工业,中国早期的重工业不仅发展缓慢甚至还被外国资本所垄断,这就意味着中国的经济命脉基本控制在外国列强手里,也意味着中国在接下去的很长时间里因为自身实力的欠缺而一直处于半殖民地半封建社会,这样的社会性质也预示着民族资本主义的发展前景。

材料呈现

材料五　90 年代,天津武举李福明在北京开办一家机器面粉厂,使用外国进口蒸汽机磨,每天能磨面粉 200 石。京城官府见机器面粉厂生意兴隆,就存心勒索。李福明不甘忍受压迫,到官府去讲理。结果,官府给他扣上"私设磨坊"、"哄闹官署"等罪名,革去他的武举功名,"交刑部照例治罪"。李福明的机器面粉厂被迫关闭。

——《中国近代现代史资料选编》

材料六　洋商见我工商竞用新法,深中其忌,百计阻抑,勒价停市。上年江浙、湖北等省,缫丝、纺织各厂,无不亏折,有歇业者,有抵押与洋商者。

——《中国近代现代史资料选编》

教师讲述

李福明的机器面粉厂为什么会关闭,因为京城官府的勒索和官府所冠上的莫须有的罪名,材料用了一个词——"被迫",可见其中的无奈和委屈。由此可见当时的本国封建势力不仅没能支持民族资本主义,反而在压迫民族资本主义的发展,造成发展良好的企业被迫停产甚至关闭。而材料六反映的是洋商依靠在侵略战争中所获得的特权,对中国民族资本主义"百计阻抑,勒令停市",手段主要是对中国进行商品倾销以打击民族资本主义,可见当时的外国资本主义也在压迫我国民族资本主义,而这种压迫往往是与封建势力相勾结同时进行的。

引导小结

第五个特点是:中国民族资本主义遭受外国资本主义和本国封建势力的双重压迫而步履维艰。

教师讲述

外国资本主义对中国民族资本主义的压迫不仅仅发生在1912年之前,而是贯穿民族资本主义发展始终。

材料呈现

材料七 张謇的事业在1920年前后达到顶峰。一战后,帝国主义向中国市场大量倾销洋纱,到1922年,大生纱厂出现了亏损。

——根据吴晓波《跌荡一百年》整理

材料八 在资本主义经济危机中,西方各国采用关税、货币、倾销等政策限制我国农产品的输入,增加输出剩余农产品……导致我国1932—1935年空前的农业大萧条。

——李文明,王秀清《中国东北百年农业增长研究》

教师讲述

从上述两则材料可见,大生纱厂的亏损和1932—1935年空前的农业大萧条的出现是因为外国资本主义的大量倾销和西方各国的各种限制政策。它们通过在华取得的特权、经济规则的利用、庞大的资本运作和先进技术的垄断等方式对中国民族资本主义进行压迫,这种压迫是贯穿整个民族资本主义发展始终的,而这其实也是造成民族资本主义曲折发展的一个重要因素。

刚才所总结的五点正是中国近代民族资本主义的特点,除此之外是否还有别的我们未发现的特点,课外再进行探讨。

三、微课思考

中国近代民族资本主义工业的特点是重点内容,需要重点讲述,而重点讲述的一个方法就是通过引用大量的史料,因此这块内容能否讲述完整在很大程度上取决于所选用的史料是否精当。在分析史料时,要以学生阅读理解为主,由此提高学生从史料中提取有效信息的能力和培养学生史论结合、论从史出的素养,指导学生学会学习历史的方法和途径。另外,这节课还需要关注中国近代民族资本主义的特点与近代中国资本主义曲折发展之间的关系,教师在讲述时不能简单讲特点而忽略了二者之间的关系。

没有前途的经济奇迹
——民族工业迎来"短暂春天"的原因

象山中学 赵志广

一、选题背景

必修二着重反映人类社会经济发展进程中的重要内容,相比较于政治与文化而言,学生对经济的了解程度和理解能力更为不足和欠缺。而"近代中国资本主义的曲折发展"这一专题是经济模块中的重点内容,其中的1912—1919年民族工业的"短暂春天"这部分内容是近代中国民族工业发展过程中非常特殊的一个环节,也是近代民族工业迎来的第一波高潮。它是对近代民族工业于19世纪六七十年代产生及19世纪末20世纪初初步发展基础上的一次成果展示,同时也奠定了近代民族工业后三十年的发展基调。费正清先生把这段时间的民族工业发展状况概括为"没有前途的经济奇迹",既然是"奇迹",又为何是"没有前途的",这需要我们从民族工业迎来"短暂春天"的原因上去寻找答案。这一块内容是本课的重点内容,也是学业水平考试的知识内容,属于C——分析的考核要求,因此有必要让学生了解民族工业迎来"短暂春天"的原因。

二、微课实录

教师讲述

哈佛大学教授、著名历史学家费正清老先生曾用"没有前途的经济奇迹"来评价近代某个时期民族工业的发展状况。而中国史学界也用"短暂春天"来形容这段民族工业发展史。"没有前途"同时又是"奇迹","春天"却又"短暂",我们应该如何去理解?下面我们一起去探索这些词背后的深层含义。

当然我们要清楚这段特殊的时间指的是1912年中华民国成立到1919年一战结束不久。为什么这个时期,中国民族工业的发展会迎来"春天"和"奇迹"?

材料呈现

  材料一 据统计,从1912—1916年间,北京政府所颁发的有关发展实业的条例、章程、细则、法规等达86项之多。……有关工商业方面的重要法令有:《暂行工艺品奖励章程》《公司条例》《公司注册规则》《商人通例》《商业注册规则》《商会法》《商标法》……

——张静如《北洋军阀统治时期中国社会之变迁》

教师设问

根据材料并结合所学知识分析,推动民国时期民族工业发展的因素有哪些?

教师讲述

从材料中可以发现当时的北京政府颁布了多达86项的发展实业的条例、章程等,以及包括《公司条例》《公司注册规则》等在内的重要法令,而这些条例章程和法令是发展工业所必须的,因为政府一方面通过行政手段在引导民族工业走向规范,另一方面也表现出鼓励发展实业的态度,而且还给了民族资本家以必要的法律和制度上的保护。当然不仅仅是北京政府,早在南京临时政府成立之初就颁布了一系列保护民族资本主义发展的法令和措施。

材料呈现

  材料二 今兹共和政体成立,喁喁望治之民,可共此运会,建设我新社会,以竞胜争存,而所谓产业革命者,今也其时矣。

  南京临时政府在中央设立实业部,要求各省设立实业司,鼓励民间办各种实业团体,鼓励人们兴办实业,鼓励华侨在国内投资等。

——《工业建设会发起趣旨》

教师设问

为什么南京临时政府和之后的北京政府能够颁布这些法令和措施,为什么能够设立实业部?

教师讲述

因为当时以孙中山为代表的资产阶级领导辛亥革命取得了胜利，推翻了两千多年的封建专制制度，为民族工业的发展扫除了一些障碍。而在辛亥革命之前，西方各国正在进行甚至已经完成第二次工业革命，可以说工业化是当时世界发展的潮流。以清王朝为代表的封建势力却一直逆势而为，阻挠民族工业的发展，这个阻碍因素就是封建君主专制制度。当以孙中山为代表的资产阶级上台后，必然是要鼓励民族资本主义发展的，而发展的前提就是废除清代的一些苛捐杂税，取而代之的是鼓励工商业发展的法令措施。政府的这些努力也极大地激发了民族资产阶级投资近代工业的热情，通过发展民族资本主义去拯救这个一直处于半殖民地半封建地位的国家。伴随着的还有资产阶级政治地位的提高，尤其是1912年民族资产阶级的代表人物张謇出任中华民国实业部总长，反映了这种努力的成果。

引导小结

通过分析上述两则材料和刚才老师的讲述，我们能够概括出民国初期民族工业能够发展的原因有：（1）政治环境：辛亥革命推翻了中国两千多年的封建君主专制制度，为民族工业的发展扫除了一些障碍。（2）内部因素：①资产阶级政治地位的提高；②南京临时政府及之后的北京政府奖励发展实业的法令，实业救国思潮推动，爱国心驱使和利润的刺激。

教师设问

除此之外，是否还有别的原因呢？

材料呈现

材料三　我的第一个企业成功的主要原因，是那时的爱国运动推动了这个企业的发展，因为当时每个人都愿意买国货。

——火柴大王刘鸿生

教师设问

根据材料并结合所学知识分析原因。

教师讲述

为什么当时每个人都愿意买国货？这个主要与当时的时代背景有关。1840年随着中国在鸦片战争中的失败，西方列强打开了中国的大门，对中国进行大量的商品倾销，1895年甲午战争之后，西方列强对中国的经济侵略转为以资本输出为主。可以说第一次世界大战之前，英货、法货、德货和日货等充斥在中国资本主义市场上。但是在一战期间，中国市场上能够见到的更多的是日货，其他西方国家的商品大幅减少甚至销声匿迹。原因在于在一战过程中，欧洲帝国主义国家暂时放松了对中国的经济侵略，表现为大幅减少对中国的商品和资本输出，比如英国在1918年相比较于1914年对华商品输出减少了50%，更有国家反而开始从中国进口面粉等商品。在外国对华商品输出减少及对华进口需求增长的情况下，中国民族资本主义迎来了一个国际市场的井喷时期，开始不断地扩大生产，增加产量，再加上外国资本输出的减少，压在中国民族工业上的负担得到减轻，民族工业得到了一次宝贵的发展机会。虽然说以英法为代表的西方国家减少了对华商品和资本输出，但是取而代之的是日货和日资。在西方国家无暇东顾之际，日本加紧了对中国的经济侵略，日货充斥市场，民族工业依然面临压迫，直到1915年，日本在妄图灭亡中国的野心刺激下，迫使袁世凯接受侵占中国更多主权的"二十一条"，日本的这一行为深深刺激了民族意识高度觉醒的中国青年人，爱国的志士仁人强烈反对"二十一条"，开展抵制日货、提倡国货运动，这在打击日本帝国主义的同时也在一定程度上开拓了国内市场，促进了民族资本主义的发展。

引导小结

因此通过材料三和老师刚才所讲内容，我们能够概括出民国初期民族工业能够获得短暂发展的原因还有另外两点：(3)1915年因反对"二十一条"而掀起的抵制日货运动，对于民族资本主义的发展也有一定的促进作用；(4)"一战"中，欧洲帝国主义国家暂时放松了对中国的经济侵略，客观上为民族工业的发展提供了有利的外部条件。

教师讲述

在这四方面因素的推动之下，中国的民族资本主义在1912—1919年迎来了"春天"和"奇迹"，但却是"短暂"和"没有前途"的，因为在第一次世界大战结束后不久，帝国主义列强卷土重来，加紧了对中国的经济侵略，刚刚有所发展的民族工业很快就萧条下去了。我们也应该认识到，中国民族资本主义为什么一直处于曲折发展阶段，究其根本原因不是外部因素的影响，而在于中国的半殖民地半封建的社会性质一直都没有变化，费正清先生也认识到了这一点，所以他用了"没有前途的经济奇迹"来形容1912—1919年的民族工业的发展状况。

三、微课思考

近代中国民族资本主义迎来"短暂春天"的原因是重点内容，教师在上课过程中要着重讲述，同时适当引入图文材料对知识进行深入讲解。但是特别要注意的是，材料在于精不在于多,过多材料的分析会增加学生的阅读量,往往不利于学生对材料进行解读分析,如果条件允许也可以播放合适的视频资料,学生往往对视频的教学方式更易接受。除此之外,在新课改的要求下,学生是课堂的主体,因此在解读材料和分析原因的过程中,要让学生自己去解读分析概括,教师起引导辅助作用。

近代中国资本主义的历史命运

象山中学　赵志广

一、选题背景

本节内容在学科结构中的地位可称之为承上启下，它是对前两节课学习内容的一个提升和总结。中国民族资本主义的发展在中国近代史上具有重要的历史地位，对中国近代历史和社会的发展产生了重大影响。学习时要讲清中国民族资本主义在半殖民地半封建的社会状况下，饱受三重大山的压迫艰难发展的历史；还要看到它的出现和发展不仅壮大了资产阶级的力量，为维新变法运动和民主革命运动提供了社会基础，也促使了无产阶级队伍的发展壮大，为新民主主义革命的到来和中国共产党的建立准备了阶级条件，还推动了西方资产阶级思想文化的传播。

二、微课实录

教学导入

教师引入：通过上两节课的学习，同学们已经把资本主义发展的简图画出来了。（提前在黑板上画出折线图或者用 PPT 展示）

提问学生：民族资本主义是如何产生的，其不同时期的发展状况又是怎样的？

让学生从中国民族资本主义的发展历程中感受近代中国民族资本主义的历史命运，教师引导学生归纳出其发展过程的总特征——在曲折中发展。

教师设问

为什么中国民族资本主义发展曲折缓慢?

学生得出结论:中国资本主义发展缓慢的原因在于中国是半殖民地半封建社会,存在帝国主义、封建主义和官僚资本主义的压迫和阻碍。从而导出新课的第一个问题——"在夹缝中求生存"。

设计意图

巩固前两节内容,为学生学习新内容做准备。以问题的方式导入新课,能引起学生的思考,激发学生的学习兴趣,为进一步学习打好基础。

讲授新课

教师过渡:有人说,我国近代的这些民族实业家特别令人敬佩,他们在寒风冷雨交加中守着那份坚持和执着,努力创业。

幻灯片展示材料,设问:从材料中能看出中国民族资本主义的发展面临什么阻碍吗?具体表现是什么?

材料一 英国驻华公使欧格纳曾直言不讳地说:"机器进口,恐非西国之福也。"一位英国人也曾说过,中国多织一匹布,英国就会少销一匹,因而"机器不宜进中国"。(限制机器进口)

材料二 1891年,上海伦章造纸厂由于原料昂贵和日本纸的竞争,"业务难以改进,此厂已濒于停产"。(利用特权倾销商品、掠夺原料)

材料三 1937年7月,日本帝国主义全面发动侵华战争,中国民族工业遭到空前的洗劫和破坏。仅1937年8月至1938年3月,被摧毁的工厂约2000余家,损失价值在8亿元之上。(发动战争,摧毁民族工业)

引导学生阅读三则材料,归纳出阻碍民族资本主义发展的因素是:外国资本主义对民族资本主义的压迫。

具体表现为:第一,限制机器进口;第二,利用特权,大量倾销商品和掠夺原材料;第三,直接摧残中国的民族工业;第四,抗战胜利后,通过不平等条约,美国商品大量涌入中国市场。

幻灯片接着展示材料,设问:以下四则材料分别说明中国民族工业的发展还面临哪些困难?具体表现有哪些?

材料一 90年代,天津武举李富明在北京开办一家机器面粉厂,使用外国进口蒸汽机磨,每天能磨面粉200石。京城官府见机器面粉厂生意兴隆,就存心勒索。李富明不甘心受压迫,到官府去讲理。结果,官府给他扣上"私设磨坊"、"哄闹官署"等罪名,革去他的武举功名,"交刑部照例治罪"。李富明的机器面粉厂被迫关闭。(受到清政府的压迫)

——《中国近代现代史资料选编》

材料二 在苛捐杂税中,为害最大的是厘金。同治以后,"卡若栉比,一局多卡,一卡多人。只鸡尺布,并计起捐,碎物零星,任意扣罚"。(各级政府用苛捐杂税勒索)

——《清朝续文献通考·征榷考》

材料三 1932—1937年间,国民政府发行26亿元以上的内债,从抗战爆发到胜利,发行内债至少在150亿元以上。(大举内债)

——摘自"百度文库"

材料四 1946年4月,荣德生被淞沪警备区绑架,并被敲诈60万美元。宋子文掌管南洋兄弟烟草股份有限公司,从而控制了这家中国最大的民营烟草公司。(公开吞噬民族企业)

——摘自"百度文库"

展示图片资料:国民党统治区100元法币购买力变化的图表和人们骑自行车带一大捆钱买东西的图片。

利用以上投影材料,学生讨论、交流后归纳出:本国封建势力和官僚资本主义的压迫是民族资本主义发展的又一阻碍因素。

具体表现为:第一,受清政府的压迫;第二,军阀官僚政府大举内债和滥发纸币严重阻碍民族工业发展;第三,国民政府和官僚资本主义压迫民族资本主义。

教师归纳总结,造成近代中国资本主义在夹缝中成长的原因有:

外来因素:外国资本主义的入侵和压迫

内部因素:封建势力和官僚资产阶级的压迫

主要因素:中国半殖民地半封建的社会性质

由此可知,中国民族资本主义的命运是艰难、曲折的。在重重压迫下,中国民族资产阶级要生存,该怎么办?引出下一部分内容——在斗争中求发展。

设计意图

课本直接给出结论,学生缺乏直观的了解。因此,授课时教师需通过展示大量材料,培养学生提取有效信息和归纳总结的能力,使学生分析史料的能力得到锻炼。通过大量材料的展示,使学生对中国民族资本主义在夹缝中生存的艰难性有更深刻的认识,有助于学生理解和认识的升华。

三、微课思考

通过补充大量史料,使复杂问题简单化,学生从材料中获取信息,论从史出,加强了学生的历史学科素养;创设情境,让学生身临其境,设问环环相扣,使学生的兴致提高,师生互动较好;通过教师引导和学生课下查找资料,课堂上的互动探究突破教材的重难点,体现了新课改的理念——"用教材教,不是教教材";情感教育突出,整节课洋溢着民族精神,体现了爱国主义情怀。

但是也存在着一些问题:在材料的选择上,既要考虑和所讲内容紧密相连,还要考虑学生的接受水平,合理选取适当的材料服务于教学;在学生参与课堂教学时,教师要提前了解学生的准备情况,合理安排教学时间,把握好教学节奏。

人民公社那些事儿

宁波市五乡中学　陈欢夸

一、选题背景

《社会主义建设在探索中曲折发展》一课涉及"大跃进"和"人民公社化运动"两个非常重要且十分生动的概念,常常能激发学生的学习兴趣,教师上课时也会不吝时间,精心讲授,往往都能成为整节课的亮点。然而,相对于"大跃进"可以使用大量的漫画、歌谣、报刊文摘等教学材料,人民公社化运动的教学资源和手段则相对匮乏,造成了学生对于农业合作社、人民公社、人民公社化运动等概念理解上的混乱。教师若在这节课上没有做好细致的概念解读,学生在下一节课中将无法理解"改社建乡"的道理。本微课试图以归纳的方式还原人民公社的真相和细节。

二、微课实录

教师导入

以图片形式呈现近年来在全国各地兴起的"大食堂"餐饮模式。

（一）公社食堂办起来

1. 美好的理想

这是公社食堂初期开饭时候的场景,饭菜伙食还是非常丰盛的。

材料呈现

  党委必须加强领导,积极办好公共食堂;严格吃粮标准,保证社员吃足口粮;严格副食标准,保证社员每人每月食油2至3两、肉类2至4两、食盐1.4斤;种好蔬菜,养好家畜,建立公共食堂家底……

  ——1960年重庆江津县县委颁发的《关于农村公共食堂办法的十条规定》

然而没过多久,由于粮食紧张和肉禽蔬菜的短缺,公社大食堂就变成了另外一番场景。

教师讲述

2. 残酷的现实

以下是毛泽东的秘书田家英1959年在浙江富春江流域的调查情况:

"环二大队……由于口粮短缺,男女老少一致反映,饥饿使他们无法生产,所见到的农民几乎都是两腮塌陷,眼大无神,接着便是一阵诉苦或悲号,看看他们家里,不仅生产资料所剩无几,就是生活资料也当卖一空,有的床上仅有一床破被甚至是一张草席……我们去访一次,不知要流多少泪……这个大队没有看到耕畜,而且全队没有一只家禽。当食堂开饭的时候,人们眼巴巴地盯着的是大锅里的稀粥,因为每人平均只有4两或者3两米……"

1961年,中央制定了《农村人民公社工作条例》,宣布正式解散公共食堂,恢复将粮食按决算分配方案分配到户,由社员自炊。

(二)工分挣起来

概念:工分制起源于新中国成立后农村建立的农业生产互助组,在农业合作社和人民公社中普遍采用。它是一种劳动报酬的计量单位,生产队社员参加生产劳动称为"上工",工分就是那时生产队会计记录社员每天上工应得报酬分数的简称。计算工分时一般会考虑到劳动力的性别、年龄等生理特征,男劳动力六七分,女劳动力四五分,老幼病弱一二分。年底,生产队会计根据社员工分总数计算出全年分红。遇上丰收年,效益好的生产队工分单价值四五分钱,效益差的生产队可能只值二三分钱。

案例:如果你是一位生活在人民公社时期的农民(18岁男子每天记作6工分,一年工作300天,每工分4分钱),你的年收入是多少?

"安排生产靠队长,下地干活等队长,遇到困难找队长,牲口下田喊队长,收不到粮食怨队长。"

教师讲述

(三)大寨经验学起来

大寨介绍:位于山西省昔阳县的一个小山村。"新中国成立前,大寨家家住的是破土窑,吃的是糠菜粮。全村不到60户人家,有9户吃不上饭出门逃荒,有4户灭门绝户。就是地主家里,也只是吃玉茭面,还没有多余的。山高石头多,出门就爬坡,地无三亩平,年年灾情多。"

(四)大寨旗帜的确立

20世纪五六十年代,在当时大寨大队党支部书记陈永贵的领导下,当地农民从山下担土到石山上造田,在山顶开辟蓄水池,所谓"万里千担一亩田",改造了本村的生产环境,受到了党中央的重视。1964年,大寨大队成为中国农村先进典型。毛泽东亲自题词"农业学大寨"。从此,农业学大寨运动在全国各地展开,一时间,全国各地农民纷至沓来,前往大寨学习取经,甚至还吸引了外国记者。到20世纪70年代中后期,不仅农村,学大寨运动甚至进入到全国各行各业。"文化大革命"期间,在毛泽东的提名下,陈永贵奇迹般地被任命为国务院副总理。

(五)大寨神话的破灭

以安徽省凤阳县小岗村村民的选择为例:

11月24日冬夜,18户户主都集中到了严立家中,他们终于做出了一个革命性决定——"田单干,包干到户"。18人在一份合同书上按下了红手印,大家约定:土地到户,瞒上不瞒下;秋后摔锅卖铁,也要将国家集体任务交上;万一有人坐牢,其他人保证把他们的孩子养到18岁。

民间悄然兴起的这个变化逐渐得到了中央的认可和推广。"包产到户""包干到户"等责任制的推广,揭开了废除人民公社体制的序幕,标志着人民公社的经济职能正走向瓦解。

(六)乡政府牌子挂起来

材料呈现

最早挂出乡政府牌子的是1980年四川广汉县向阳人民公社。这是当时换牌时的一张照片。

"写好了,墨汁都还没干就匆匆挂上去了。""在换牌半年多时间里,我连陌生人都不敢见呢。"
——肖开文(新牌子书写者,时任向阳公社文化站站长)

"这(幅照片)是后来补拍的。引文摘录很低调,当时广汉县委定了三条纪律:不准宣传、不准广播、不准登报。"
——陈武元(四川省社会科学院研究员,1980年前后曾长驻广汉做农村改革调查与研究)

注:以上文字材料摘编自《四川日报》(2009年8月13日)

从中可以看出,当时的人民公社体制开始被打破,政治体制改革已悄然进行,但"左"倾思想的束缚依然存在,人们对改革心存顾虑。

1982年全国人大五届二次会议修改《宪法》时,终于做出了改变农村人民公社政社合一的体制、重新设立乡政权的决定。直到1984年,人民公社完全退出了中国的历史舞台。

教师小结

几点结论与启示:

第一,人民公社的存在时间及与人民公社化运动的关系。

第二,人民公社的特点("一大二公")。

第三,人民公社化运动与大跃进的区别和联系。

启示:贫穷不是社会主义,生产关系要适应生产力水平。

三、微课思考

以往在介绍人民公社化运动时,教师偏爱运用演绎法,即从人民公社的特点"一大二公"着手,重点介绍它的公有化程度高的表现,选择以公社食堂为难点进行突破。这么做除了不符合学生的认知规律之外,还容易让学生觉得人民公社化运动就等于是在公社食堂吃饭不要钱,最多再有一点集体劳动的印象。还有就是学生以为"八字方针"提出后,人民公社化运动结束了,人民公社也就退出历史舞台了——那么,1980年四川广汉县的"改社建乡"又是怎么回事呢?

本节微课采用逆向思维,用归纳法进行讲授。以大食堂、工分制、农业学大寨、改社建乡等四个现象的史实为铺垫,得出关于人民公社的相关结论与启示,以达到帮助学生感知和理解历史的目的。

本节微课设计的不足之处在于:人民公社政社合一的弊端未能很好地揭示出来,乡政府取代人民公社的进程缓慢,其中的原因不是很好解释,乡政府的政治职能与人民公社的政治职能有哪些区别,本课也未能做任何分析。

家庭联产承包责任制的前世今生

宁波市五乡中学　陈欢夸

一、选题背景

家庭联产承包责任制揭开了中国农村经济体制改革的序幕,是《伟大的历史性转折》中的重要知识点,也是一项至今尚在实施且具有强大生命力的社会主义经济制度。因为远离农村和农业生活,对于该制度,90后、00后的孩子即使在初中历史课上接触过该内容,也不见得对此有多少深刻的认识。教师在课堂教学中由于受到时间的限制,在处理此概念时往往以照本宣科为主,对该制度的产生、发展和演变过程未能做出清晰介绍,给学生的学习产生一定的困扰,甚至形成一些错误的认识。本微课试图明晰概念、厘清线索、正本清源,并结合时政和生活努力使之"接地气"。

二、微课实录

教师导入

展示实物,我家在1985年领到"承包土地使用证"。

教师讲述

正名:什么是家庭联产承包责任制?

"联产"是什么意思?

"联产"的真实含义其实是"联系产量计酬",即农户的报酬与其所承包土地实际所获得的产量有关。"家庭联产承包责任制"完整地讲,应该叫"家庭联系产量计酬承包责任制"。

家庭联产承包责任制有"包产到户"和"包干到户"两种形式。

"包产到户"与"包干到户"有什么区别?

"包产到户":指按合同规定,定产量、定投资、定工时,完成承包指标受奖励,达不到承包指标要受罚。

"包干到户":在承包合同中不规定生产费用限额和产量指标,由承包者自行安排生产活动,各承包户除了向国家交纳农业税,交售合同定购产品以及向集体上交公积金、公益金等公共提留,其余产品全部归农民自己所有。

在这两种形式中,主体是"包干多户"。(出示"承包土地使用证"中的规定进行印证。)

过渡:纠正两个有关该制度的常见错误认识。

"包产到户"是小岗村的首创吗?

有资料表明,敢闯敢拼的浙江人才是"包产到户"的创造者。

早在1955年的农业合作化时期,浙江温州永嘉县的燎原生产合作社,就首创了"包产到户"。引入图文资料(略)。

还有一个我们一厢情愿的想法,那就是家庭联产承包责任制这么好的一项制度,一经推出就受到支持,事实真的如此吗?

材料呈现

文学性史料:作家路遥在《平凡的世界》中描述道:"田福堂太痛苦了:当年搞合作化时,他曾怀着多么热烈的感情把这些左邻右舍拢合在一起;做梦也想不到二十多年后的今天,大家又散伙了。"

故事性史料:1979年,时任安徽省委第一书记的万里在肥西县山南公社试点包产到户,省军区一位副司令员立马找到山南公社党委书记王立恒,动情地说:"毛主席他老人家推翻了国民党反动派,解放全中国,打土豪分田地,组织群众走合作化道路,才过上今天社会主义生活,但你们现在搞包产到户,实际单干,走资本主义道路,必须立刻停下来!"说完他马上给县委书记打电话,明令:"包产到户不能干,要收!"

最终在十一届三中全会提交《中共中央关于加快农业发展速度决定草案》中明确规定:"不准分田单干","不许包产到户",但同意实行"包产到组、超产奖励,专业承包,超额奖励"。

直到1982年,中央才在《全国农村工作会议纪要》中明确肯定了家庭在农业生产中的主体地位,肯定了包产到户、包干到户的做法都是社会主义集体经济的生产责任制。

过渡:这些都是实行家庭联产承包责任制后各地的新闻图片(出示图,图略)。虽然很喜人,但我总觉有点落伍。这难道就是现代农业吗?现代农业不该是规模化、集约化和高度机械化的吗?(出示图,图略)30年后,有学者撰文指出:

> 家庭联产承包责任制作为一种新生的制度创新,它注定是不完善的。家庭联产承包责任制带有明显的传统小农经济与自然经济的痕迹,而这些东西对于一个有过长达两千多年封建社会的中国来说,对于现代农业生产具有根深蒂固的深远影响,已经越来越不能适应现代农业的规模化经营和社会化生产的要求了。
>
> —— 吴江,张艳丽《家庭联产承包责任制研究30年回顾》

罗列家庭联产承包责任制的弊端(略)。

于是,我们不禁要问:家庭联产承包责任制会一直实行下去吗?

教师讲述

1."联产"一词的消失

1993年的宪法修正案中,明确了"农村实行以家庭联产承包责任为主的责任制"。

1998年十五届三中全会所通过的《中共中央关于农业和农村工作若干重大问题的决定》中,首次提出以家庭承包经营为基础、统分结合的经营制度。

在1999年的宪法修正案中,"农村实行以家庭承包经营为基础,统分结合的双层经营体制"被写入宪法。

"联产"一词正式消失,"责任制"变为了"经营"。有人是这样解释的:

材料呈现

> 随着市场经济体制的确立并不断深化,家庭承包经营更具有导向性,农民如何经营及经营得如何与市场联系更为紧密,而与是否完成产量联系越来越少,甚至没有联系。
>
> —— 张兆金《关于"家庭联产承包责任制"的再认识》

教师讲述

也正是在这样的背景下,2005年12月,第十届全国人大常委会第19次会议决定,自2006年1月1日起全面取消农业税。在中国历史上实行了2600多年的土地税正式退出历史舞台,农民负担大大减轻。

过渡：土地经营权不可转让、出租可能引发的问题。国家老早注意到了这一情况。早在1995年，国务院发布《关于稳定和完善土地承包关系的意见的通知》中明确提出"建立土地承包经营权流转机制"。

2. 土地经营权开始流转

土地经营权流转，是指农民集体所有的土地，可以由本集体经济组织以外的单位或者个人承包经营，从事种植业、林业、畜牧业、渔业生产。

材料呈现

2003年《中华人民共和国土地承包法》明确规定：

> 农民的土地承包经营权集中体现了农民对所承包的土地有了经营自主权、收益权和土地承包经营权流转的权利。

2008年中共十七届三中全会通过《中共中央关于推进农村改革发展若干重大问题的决定》指出：

> 完善土地承包经营权权能，依法保障农民对承包土地的占有、使用、收益等权利。加强土地承包经营权流转管理和服务，建立健全土地承包经营权流转市场，按照依法自愿有偿原则，允许农民以转包、出租、互换、转让、股份合作等形式流转土地承包经营权，发展多种形式的适度规模经营。

这一决定因而被称为继家庭联产承包责任制之后新中国农村生产关系的第五次变革，也昭示着中国农业未来发展的方向。

三、微课思考

本微课设计是对教材知识点"家庭联产承包责任制"的深化和拓展。教学中试图想达成学生对现代史的某种亲近感，若能对口述史、家庭史资料加以运用，定能产生较强的亲和力。于是在本课的开头，我使用了自己家珍藏三十年的"承包土地使用证"，本来还想通过录音采访几位农民，最终没能如愿。

经济史教学应注重概念的解读。"家庭联产承包责任制""包产到户"和"包干到户"这几个概念在教材中均多次出现，却没有相应的解释，我认为这正是需要补充的知识点。

改革是一个艰辛的历史过程，无论在古代、近代还是现代。《伟大的历史性转折》一课可以围绕着这一情感态度价值观的立意，在家庭联产承包责任制、国有企业改革和对外开放等知识点上进行渗透，而破除家庭联产承包责任制实施过程是"一帆风顺"的误区非常有必要,在这方面,我的设计还存在很多不足。

笔者认为,微课应该为教师的教与学生的学提供帮助。本设计所用素材既有第一手史料,也有经典图片、党政文件和细节故事,可以为教师的教学提供参考;同时,所引材料和结论可用于对学生材料分析能力的培养。

限于微课的时长,关于家庭联产承包责任制还有很多问题值得探讨,如家庭联产承包责任制是否可以认为是小农经济的理性回归等。

辛亥革命与近代社会习俗的变革

宁波市五乡中学　陈欢夸

一、选题背景

辛亥革命作为中国近代历史的里程碑,对中国社会产生了广泛而深远的影响。近年来,以社会史观为指导,在全国各地高考试题中出现较多的以辛亥革命为视角、考察革命事件对于社会习俗影响的试题,而教材对于本问题的答案呈现是零散的,因此有必要进行归纳整合,并试图分析历史现象背后的深层原因。

二、微课实录

教师导入

现象篇

如果让你列举影响中国近现代社会习俗变革的重大历史事件,你会选择哪些事情?

本课以辛亥革命为例,探讨这一事件对于近代社会习俗的影响。时间定位:广义上的辛亥革命,1894—1912年(清末民初)。

材料呈现

(一)教材知识的零散呈现

　　出处一:近代以来,尤其是清末民初,一批受过新思潮熏陶的青年男女开始反对包办婚姻,主张婚姻自主。婚姻礼俗也开始删繁就简,仿效西方的新式婚礼。……19世纪末20世纪初,丧礼趋于简化,并出现了带有浓厚西方色彩的新式丧礼,一些城市还建立了殡仪馆与公墓。

——人民版高中历史必修二 P65 正文

出处二:民国成立后,开展了剪辫易服、破令放足、破除神权、反对迷信等活动,公历在官方活动中得以实施,点头鞠躬取代了传统的跪拜作揖,握手成为社交场合的常见礼节。民众的观念也发生了变化,旧道德、旧礼教遭到批判,女子在获得受教育权利的同时,也开始走出家庭,步入社会。

——人民版高中历史必修二 P66 正文

出处三:中华民国改用公历,以中华民国纪年。

——人民版高中历史必修一 P52 正文

出处四:焚毁刑具,禁止贩卖人口,禁止蓄奴,革除"大人""老爷"称呼,提倡公民道德。

——人民版高中历史必修一 P52 "南京临时政府的法令与措施"表格

(二)辛亥革命改变的十大习俗

1. 剪掉辫子:男人从此改头换面

2. 不再缠足:女人终于可以大步走路

3. 换新衣服:中山装替代了小马褂儿

4. 改称谓:不再叫"老爷"请叫"先生"

5. 不再跪拜:平等就是不要卑躬屈膝

6. 男女无别:可以一起坐车还能牵手逛街

7. 公元纪年:采用阳历与世界接轨

8. 改良新剧:女伶也可以参加公演

9. 禁除鸦片:再也不做"东亚病夫"

10. 不再三妻四妾:一夫一妻流行开来

——以上概括来自网络

教师讲述

思考篇

以"剪辫易服运动"为例,结合相关史料、试题,探究以下四个问题:

1. 近代社会习俗的变革是否只是辛亥革命的作用?

材料呈现

19世纪末,一批资产阶级改良主义者联名上书,建议变法维新,其中既有政治大事,也有服饰习俗。如康有为在《戊戌奏稿》中称:"……今机器之世,多机器则强,少机器则弱……然以数千年一统儒缓之中国褒衣博带,长裙雅步而施之万国之竞争之世……诚非所已矣!"并要求皇帝:"皇上身先断发易服,诏天下同时断发,与民更始。令百官易服而朝,其小民一听其便。"结果统治者只在警界与部队之中推行新装,而不允许各界人士随意易服。但随着留学游历外洋,扩大视野,还是不可避免地出现了着西装、剪辫发的必然趋势。

——华梅《服饰与中国文化》

根据材料,分析推动剪辫易服运动的因素。(维新变法、机器生产、留学生的影响)

结论:我们不可以把近代社会习俗变革的原因全部归结为辛亥革命,社会习俗变革往往是各种因素综合作用的结果。但毫无疑问,辛亥革命在其中所发挥的作用是巨大的,而且是深刻的。

2. 为什么辛亥革命对社会习俗的改造会如此深刻?

2015年浙江高考第15题,会给我们一定的启示。从甲图到乙图,表明(　　)

甲图 清初男子剃发蓄辫

乙图 民国初年男子剪辫

A. 先进习俗必然取代落后习俗

B. 某些生活习俗具有深刻的政治意义

C. 专制王朝由强大走向败落的历史命运

D. 专制与民主的斗争是一个漫长的过程

正确答案为B,某些生活习俗具有深刻的政治意义。当时,革命党人视蓄辫为清王朝的恶政,是满洲贵族奴役汉人的象征。"剪辫文"规定:"凡未去辫者,于令到之日,限

20日一律剪除净尽。有不遵者违法论。"这与中华民国所倡导的民主、平等精神是一致的。

再以废除缠足运动和称谓变化案例进行佐证。

结论：辛亥革命对社会习俗改革的深刻性，一是南京临时政府成立前适应政治变革的需要，二是南京临时政府成立后出于保障民权，维护民主共和政体的需要，从根本上来讲，也是发展民族资本主义工业的需要。

3. 辛亥革命改革社会习俗存在哪些局限性？

2014年江苏高考第6题：漫画《发辫之将来》从本质上表明，当时社会上一部分人（　　）。

A. 盲目崇尚西洋风尚
B. 刻意保存传统精华
C. 旧有观念根深蒂固
D. 主动破除国人陋俗

漫画中剪辫子的人剪去自己的一部分辫子，代表"崇尚西法"，同时保留一部分辫子表示"保留国粹"，说明时人传统观念依然存在，辛亥革命对于社会习俗的变革不具有彻底性。

结论：总体来说，社会习俗的变革在中国的大城市比小城市和农村来得剧烈，南方比北方来得剧烈。民国成立之初，移风易俗风起云涌，过了一些年也趋于平静。

4. 有哪些原因导致辛亥革命在上述方面的不足？

结论：第一，辛亥革命本身的不彻底和中国近代社会发展的不平衡；第二，社会习俗的变迁需要经历一个较长的时间；第三，资产阶级革命派在移风易俗过程中采用简单粗暴的方法，难免会招来民众一定程度的抵制。

综上所述，辛亥革命虽然可以说是一次失败的资产阶级革命，但在很多方面还是取得了辉煌的成就。在社会习俗的改造上，更是以一种前所未有的姿态向近代化迈进，打开了中国社会走向进步，中国人民走向自由的闸门。

> **练习题**　在中国近代，引发社会习俗变革的主要原因是政治革命，而在西方近代，引发社会习俗变革的主要原因是工业革命。搜集相关资料，阐述工业革命对西方近代社会习俗的影响，并分析造成中西方社会习俗变革主要动力差异的原因。

三、微课思考

本微课内容与教材联系紧密,是对教材现有资源的整合利用和二次开发。

现象篇中的第一块,"教材知识的零散呈现"主要设计意图是唤醒学生对于书本知识的记忆,关注各个模块之间的知识联系,并留意非正文的内容。

现象篇中的第二块,"辛亥革命改变的十大习俗"是笔者在网上搜集到的一篇文章,无须太多修改,可以直接作为上述零散知识的系统总结,注意在排名先后上有一定讲究,说明辛亥革命在此方面的贡献。

思考篇设计了四个环环相扣的问题,旨在分析现象背后的社会原因,引导学生用历史的思维和唯物辩证法反思辛亥革命在社会习俗变革方面的功绩和局限。

课后思考题引导学生以中西对比思维,探究工业革命对于西方近代社会习俗变革的影响,既源于教材又高于教材,有一定的思维深度和广度。

本微课设计的不足是所引资料来源比较单一,若能运用具有地方气息的材料,那就更好了。

价格革命与 16 世纪西欧资本主义的发展

宁波中学　董敏达

一、选题背景

该知识点出现在必修二专题五《走向世界的资本主义市场》第一课中,教材中由于篇幅要求和主题的需要,知识点被淡化处理;教师限于上课时间,一般都不会对此概念有太多的拓展。此知识点又涉及较多经济学理论和历史背景知识,这是知识上需要补充的部分。

价格革命是新航路开辟后欧洲社会出现的一个重大事件,对以后西欧资本主义的发展有着深远的影响。不深入了解价格革命,就无法对西欧资本主义的发展有一个整体认识,因此无论是从历史思维性的培养还是历史知识的构建角度,都有必要对这块内容进行详细解读。

二、微课实录

教学导入

讲新航路开辟的影响时,其中有一个重要的影响是引起了价格革命,对于价格革命的评价,人民版教材中是这样描述的:"价格革命加速了社会分化和西欧封建制度的解体,促进了资本主义生产关系的进一步发展,价格也成为西欧资本原始积累的重要组成部分。"

教师设问

价格革命为什么会加速了社会分化和西欧封建制度的解体？为什么会促进了资本主义生产关系的进一步发展？为什么会成为西欧资本原始积累的重要组成部分？

1. 价格革命定义

材料呈现

随着贵金属的大量流入，西欧市场的金银持续贬值，商品价格直线上升。

教师讲述

这段课文描述解释了价格革命的两个问题：价格革命的起因是由于美洲新大陆的贵金属大量进入西欧；价格革命的表现是物价快速上涨，通货膨胀。

2. 价格革命与封建制度的解体

封建制度的最大代表势力就是地主阶级，价格革命加速西欧封建制度的解体主要表现为它加速了地主阶级的衰落。

材料呈现

价格革命后，由于他们收取的货币地租额是固定不变的，这就是他们的收入相应的大为减少。如英国受价格革命的影响，封建贵族从自己土地上所得到的地租实际只相当于过去地租的十分之一。

—— 刘凤茹《新航路开辟对西欧资本主义发展的影响》

教师讲述

这段材料说明，当时的西欧地主的收入主要是收取定额货币地租，也就是说每年地主收入的地租货币是固定的，但由于物价上涨，每年货币对应的购买力是在快速下降的，所以地主阶级的收入实际上也是在逐年快速下降的。原先积蓄的货币财富，也因物价上涨而快速贬值，很多地主在价格革命中纷纷破产。

教师设问

地主阶级有没有什么办法规避物价上涨带来的风险呢？

教师讲述

方法无外乎两类：最简单的是根据物价水平改变地租额度，这里补充说明一下，当时西欧实行的是契约地租的形式，而且一般租约都很长，临时改变地租额度，一般不可能。这样一来，还有一种方法，就是改变土地的使用情况。租约一到期，就不再外租了，而是按照当时比较赚钱的资本主义经营模式来经营农场，放牧养羊，然后出售羊毛获取利益，有些甚至租期不到就强行驱赶租种的农民，把地圈起来不允许他们耕种，迫使这些农民出走到城市,去手工工场寻求生计,这就是历史上的"圈地运动"。这一类的地主事实上是在向资产阶级转变和靠拢。

教师小结

地主阶级在价格革命面前无论是一成不变,坐视资产的减少,还是积极求变,改变自己的经营模式向资本主义靠拢,封建制度在价格革命面前已经受到了严重的冲击,导致社会分化加速。

教师讲述

3. 价格革命与资本主义生产方式的发展

价格革命在迫使农业领域朝着资本主义化经营转变的同时,也推动着城市手工业资本主义化经营模式的发展。

材料呈现

> 16世纪西欧物价平均上涨了两倍到两倍半,而工人工资只上涨了20%—30%。资本家用比15世纪价值还低的劳动力生产商品,卖出的价格却比15世纪高出好几倍。资本家从中获取巨额利润,巨额利润又刺激了扩大再生产。
>
> ——刘凤茹《新航路开辟对西欧资本主义发展的影响》

教师讲述

大量的失地农民增加了城市自由劳动力数量,劳动力的过剩使得工资没有办法得到大幅度提高,相反,由于这些失地农民需要从市场上购买生活必需品,刺激了市场需求,在此带动下,物价反而进一步上升。更多的人开始投资使用雇佣劳动进行生产的手工工场,不断扩大其规模,原来的个体手工业者因竞争无力,要么破产成为雇佣劳动力,要么增加投资成为手工工场主。

4. 价格革命与资本原始积累

资本原始积累是指通过暴力使直接生产者与生产资料相分离,由此使货币财富迅速集中于少数人手中的历史过程。

物价飞涨使商品的生产者和经营者受益。新兴的资产阶级,包括那些从事海内外商品贸易的商人、使用雇佣劳动的手工工场主、按资本主义方式经营农牧业的租地农场主和富裕自耕农,都通过高价出售商品和剥削廉价劳动力而牟取了暴利。

价格革命加速了资产阶级和无产阶级的分化,使得资产阶级获得了暴利,并在暴利的驱使下,将财富不断地用于扩大再生产,成为资本原始积累的重要手段。

教师总结

价格革命促进西欧资本主义的发展

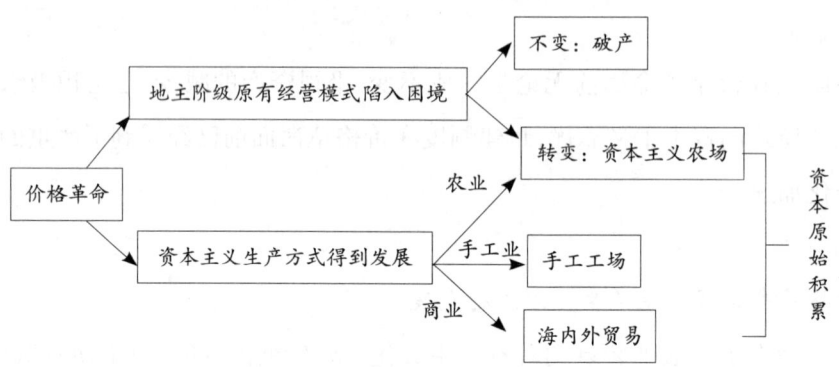

练习题 如果将价格革命前欧洲拥有的货币总量设为100,按传统方式收取定额货币地租的封建地主拥有的货币总量(m)设为60,商人、新兴资产阶级、新贵族拥有的货币总量(n)设为40,若价格革命后欧洲货币总量上升为1000,那么,下列关于m,n的四组数据的推理判断可能正确的是（　　）。

A.m=900,n=100　　　　B.m=800,n=200

C.m=600,n=400　　　　D.m=400,n=600

答案:D。在价格革命的影响下,原有封建经营模式受到冲击,封建地主靠收取定额货币地租所积累的货币量占欧洲总货币量的比例应该开始下降,而利用新兴的资本主义生产方式获取的货币量比例开始上升。

三、微课思考

清晰的知识结构构建有助于历史知识的学习,本课讲述的内容所涉及的事件、现象比较多,如何将这些复杂多样的知识联系起来,组织起有条理的知识图谱或课堂笔记非常重要。

教学的目的就是为了化繁为简,将深奥的理论用浅显易懂的语言表达出来。历史教学又主要依托史料,所以本课内容的讲述对于材料的选择要求比较高,应尽量选取通俗生动的史料。

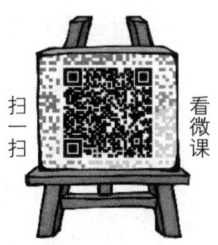

手工工场的发展与机器大生产的出现

宁波中学　董敏达

一、选题背景

手工工场作为资本主义前工业化时期的重要阶段,它的存在与发展,为后来工业革命的开展打下了基础,创造了良好的条件。它是资本主义分散生产模式向大工厂集中生产模式转变的一个中间阶段,在该阶段生产技术得到提高,管理模式得到转变。理解手工工场对于理解工业革命的起源有很大的帮助,因此这一知识点需要强化。

二、微课实录

教学导入

手工工场的发展使技术改革和机器发明的条件成熟,成为英国工业革命不可或缺的条件。

教师设问

手工工场为机器生产的出现提供了哪些条件?要解决这个问题,就先得弄清楚什么是手工工场?手工工场有什么特点?

材料呈现

手工工场的例子,莫过于16世纪初纽伯利城的约翰·温奇库姆的工场了,一则民谣唱道:"一屋宽且长,织机二百张。织工二百人,排列成长行。辛勤齐操作,笑声彻屋梁。旁有一巨室,女工共百人。欢笑且整梳,歌声冲霄云。

附近又一室,少女二百人。小袄红似花,头巾白若银。少女体轻盈,纺绩辛且勤。又复善歌唱,妙音胜夜莺。户外又一屋,贫儿一百五。列坐检细毛,不敢辞劳苦。彼皆篓人子,终日不得息。自晨至深夜,各得一便士。场中供酒饭,饮食皆于是。又有一广厅,五十修剪工。各自施妙技,天衣真无缝。又有八十人,将呢加浆洗。染工八十人,齐将颜色施。二十扦制匠,将呢折成匹。"

教师讲述

1. 分工协作

当时英国这类手工工场一般雇佣五百至七百人,而且分工很细。一个制针的手工工场就有18道不同工序。

分工越细,工序越多,每道工序上的工人所要完成的工作就越简单。分工协作,将一个复杂的制作过程拆分成了若干个简单动作,劳动操作的具体简单化使机器代替人的劳动成了可能,分工协作后的制作流程与机器的工作过程极为相似。

细致的劳动分工,每个人专门从事简单的机械工作,使工人在技术上日益熟练,久之出现了对某一操作具有特长的熟练工人与技师。他们经验丰富,具有发明和改造工具的能力,为提高效率,他们把工具改良成许多只适合专门动作的工具,而把这些工具连接起来,就形成了机器的雏形。

所有这些,为发明机器创造了物质前提和技术支持。

2. 雇佣劳动

手工工场带有明显的资本主义性质,工场主自身已经脱离生产,靠压榨工人剩余价值而生存,他们需要尽可能地压低生产成本以获取更多的利润空间。但由于手工工场仍采用手工生产,生产效率的提高主要依靠工人的技术熟练程度,熟练的工人占着统治地位,所以只要条件允许,工场主会迫切地要求从手工生产方式过渡到不需要太多熟练劳动者的机器生产方式。

手工工场的这一需求为后来使用机器提供了经济动力。

3. 集中生产

手工工场已是一种资本主义大生产的形式了,它的出现就是为了克服原先家庭式分散经营效率不高,提升生产能力,提高产量的需要,但它却建立在小手工业的技术基础之上,依靠手工劳动,仍远远不能满足国内外市场的需求。工场手工业本身的狭隘的技术基础发展到一定程度,就和它自身创造出来的生产需要发生矛盾。

手工工场发展中存在的这一矛盾是后来使用机器生产的社会诉求。同时手工工场作为一种生产组织形式也是现代大机器工厂的先驱。

教师总结

手工工场在劳动分工、生产专门化、大生产的雇佣劳动条件及生产组织形式等方面，都为过渡到大机器生产即工业革命阶段创造了条件。

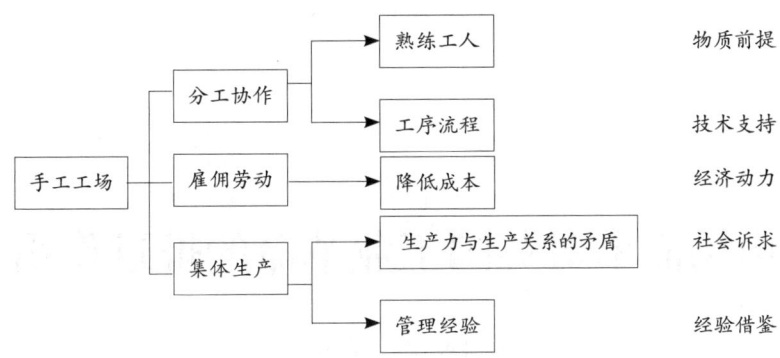

练习题 英国高度发达的工场手工业，实现了生产过程中精细的劳动分工，每一件成品的生产过程都被分解，由许多细小的单一操作工序完成。工场手工业的复杂分工（　　）。

A．提高了生产劳动的技术性　　　　B．生产劳动操作日趋复杂化

C．为机器取代手工业创造条件　　　D．反映英国的世界领先地位

答案：C。复杂的分工，将一个复杂的制作过程拆分成了若干个简单动作，使得生产劳动操作日趋简单化，降低了生产劳动的技术性，所以A、B项错误。但分工会提高工人从事单一工作的熟练度，为后来机器的产生创造了条件，故C项正确。英国工业取得世界领先地位是工业革命的结果，而不是手工工场的结果，故D项错误。

三、微课思考

关于手工工场的定义存在争议，在讲述这一概念时，一定要化繁为简，适当参考最新研究，告诉学生一个现今为大众所普遍接受的定义。关键要把握手工工场的核心，不能把历史教学与历史理论的研究相混淆。

历史教学寻求历史场景的真实再现，引导学生获得真实的历史感悟。一个形象的场景胜过十个空洞的理论定义，讲述本课时需要精选生动的材料，切莫就理论谈理论。

市场需求对英国工业革命的推进作用

宁波中学　董敏达

一、选题背景

历史教学中一直注重对工业革命前因后果的分析,容易忽视对工业革命本身内在逻辑的分析,把工业革命的成果看成是一项项单独的、因为某一个历史人物的创造性构想而产生的结果。在强调创造性重要的同时,对产生这种创造力的社会需求重视不够,有需求才产生变革,因此在讲述工业革命时,需要重视其整体性和联系性、客观性,本微课重在对市场需求是如何对英国工业革命起到推进作用作一说明。

二、微课实录

教学导入

在《浙江省普通高中历史学科教学指导意见》中明确要求,通过对必修二专题五第三课《"蒸汽"的力量》的学习,学生须知道第一次工业革命的重大发明,落实到具体的知识点上就是课本中工业革命发明成果一览表。

类别	时间	发明者	国别	发明成就
棉纺织业	1733	凯伊	英国	飞梭
	1765	哈格里夫斯	英国	手摇纺纱机
	1769	阿克莱特	英国	水力纺纱机
	1779	克隆普顿	英国	骡机
	1785	卡特莱特	英国	水力织布机
	1793	伊莱·惠特尼	美国	轧棉机
动力	1690	巴本	法国	活塞
	1696	塞维利	英国	蒸汽抽水机
	1705	纽可门	英国	大气活塞式蒸汽机
	1769	瓦特	英国	单动式蒸汽机
	1782	瓦特	英国	联动式蒸汽机
交通运输	1807	富尔顿	美国	汽船
	1814	史蒂芬孙	英国	蒸汽机车

用单纯的记忆方式去记忆这么多的内容,会比较吃力,但如果掌握了这些发明之间的内在联系,理解起来就会相对容易些。

材料呈现

(资料卡片)在近代……机械的进步不再是碰巧的、偶然的,而是有系统的、渐增的。

——沃尔特·李普曼《道德序论》

教师讲述

市场的需求正是推动这些机器有系统的、渐增的发明的根源。市场需求的推动作用的具体体现有:

第一,英国棉纺织品的销售前景推动了棉纺织工具的改进。

材料呈现

18世纪以前,英国棉织业的原料主要靠进口,生产技术相当落后,在国际市场上产品质量不及印度,同类产品的价格比印度的贵50%—60%,英国棉织业的处境十分艰难。英国棉织业为了求得生存,为了抵制印度棉布,就只有努力提高产品质量,降低生产成本,增强市场的竞争力。因而,进行技术革新势在必行。其次,棉织品适宜于普通大众日常穿着,且价格较毛织品低廉,属于低档商品,国内外市场的前景十分广阔。

——王铭,王薇《英国工业革命的前提条件》

教师讲述

因为这种状况,英国的棉纺织业领域比毛纺织业更早开始寻求技术的革命,飞梭因此产生。飞梭改变过去织工用双手相互穿梭的方法,采用飞梭以后,织工们只要用两脚交替踏板,飞梭就会自动地左右穿梭织成布匹,极大地提高了织布效率。飞梭的发明和应用,造成了纺纱和织布之间的不平衡,当时六个纺工才能供应一个织工所需的棉纱。纺纱和织布两道工序之间长期脱节的严重状况迫切需要改进纺纱技术。

第二,织布工具的改进推动了纺纱机器的发明。

材料呈现

  1765年,兰开郡布拉克本的织工兼工匠詹姆士·哈格里夫斯(？—1778年)在织工因缺乏棉纱而经常停工的情况下,改进了前人的纺纱机,发明了一种手摇纺纱机。

——管佩韦《英国工业革命的开始——纺织机器的发明和应用》

教师讲述

这种手摇纺纱机开始时只装有八个纺锤,后来增加到十六个,再后来更增至一百二十个纺锤同时工作,于是棉纱产量大幅度增加,解决了纱荒问题。它的诞生标志着英国工业革命的开始。但是它还存在缺点,必须用手摇,所纺的纱很容易断。

1768年,理发师阿克莱特制成了水力纺纱机,这种机器使用滚筒以不同的速度纺成棉纱。

从此,纺纱机的转动不再依靠人力,可以利用自然力了,而且这种机器纺出的纱很坚韧。但是水力纺纱机还是存在问题,它体积较大,不适宜家庭分散应用,需要建造厂房,集中生产。

材料呈现

  1779年,兰开郡童工出身的塞缪尔·克隆普顿(1753—1827年)吸取珍妮机的活动架子和水力机的纺纱滚筒的优点,发明了综合纺纱机,有称走锭精纺机,又叫缪尔机,即骡机。这种机器纺出的纱,既精细又而结实,一次能够带动三百至四百个纱锭,大大地提高了劳动生产率。

——管佩韦《英国工业革命的开始——纺织机器的发明和应用》

教师讲述

纺纱技术的不断改进,纺纱和织布之间出现了新的不平衡,织布技术反而落后于纺纱技术,这就迫切要求革新织布机。

第三，纺纱机器的发明推动了织布机器的发明。

材料呈现

  1785年，诺丁汉郡一位乡村牧师埃德蒙德·卡特来特（1743—1823年）在细木匠和锻铁匠的帮助下，发明了动力织布机……织布效率提高了四十倍……这样，纺纱和织布之间的不平衡又趋于平衡。

  ——管佩韦《英国工业革命的开始——纺织机器的发明和应用》

教师讲述

这个时候的机器主要使用水力，所以工厂要建造于山间水流落差比较大的地方，这给工厂的发展带来了很大的地区限制，且水力作为动力不是最理想的能源。

第四，机器的大量使用推动了动力技术的改革。

瓦特改良后的蒸汽机适应了技术革新的需求，18世纪末，英国北部70%的棉纺织业使用了蒸汽机，1835年达到了90%。在机器得到普遍使用的情况下，棉布产量得到了大幅的提升，如何扩大商品市场，快速解决商品与原材料的运输问题则摆在了工场主的眼前。

第五，生产效率的提高推动了交通运输的革新。

材料呈现

  一个工业部门生产方式的变革，必定引起其他部门生产方式的变革。有了机器纺纱，就必须有机器织布……。同样，另一方面，棉纺业的革命又引起分离棉花纤维和棉籽的轧棉机的发明，由于这一发明，棉花生产才有可能按目前所需要的巨大规模进行。但是，工农业生产方式的革命，尤其使社会生产过程的一般条件即交通运输工具的革命成为必要。

  ——马克思《资本论》

教师讲述

马克思的这段论说，精辟地指出了工业革命的一般进程。了解了这些，也就能更好地帮助我们理解课本对于工业革命的定义：所谓工业革命，其中包括六个相互关联的大变化和发展，即机器制造业的发展、铸铁业的革命、纺织机械的运用、化学工业的创造、煤炭工业的发达和交通手段的进步。

教师总结

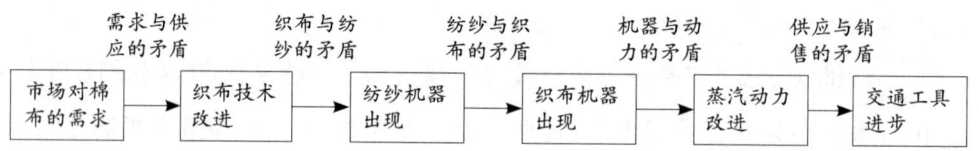

练习题 工业革命开始后,人们发现:水力机器必须建立在河流旁,可并不是所有的地方都有河流;风车又必须在有风的情况下才能工作;水力和风力的大小也因水流、风速等因素变化不定。材料反映的是下列哪项发明出现的背景:(　　)。

A. 手摇纺纱机　　B. 水力织布机

C. 联动式蒸汽机　　D. 骡机

答案:C。本题考查蒸汽机发明的背景,水力和风力都受自然的局限,为摆脱这种限制,瓦特改良了蒸汽机。

三、微课思考

历史教学培养学生的历史思维和分析能力,这就需要我们在课堂教学中进行引导,在教学时要注意论述的逻辑性和对细节的把握、引申。用好教材材料,以小见大、层层深挖,也能体现教学者对材料的开发和使用能力。

胡佛真的很笨吗
—— 胡佛经济政策再认识

慈溪中学　戴林云

一、选题背景

"胡佛真的很笨。"我想这是同学们学完《"自由放任"的美国》一课之后的一个普遍性结论。尽管胡佛的历史离今天还不到一百年,但教科书呈现给我们的胡佛的形象还是略显模糊。为何如此?我认为一个重要原因是胡佛生不逢时。因为在历史长廊中,胡佛一直处在他的邻居——罗斯福这位伟人的巨大光环之下。罗斯福才是那段历史的主角,而胡佛仅仅是个配角,甚至是个丑角,这是我们的固定思维。但我认为,我们只有真正认识了胡佛的经济政策,才能更为深入地理解罗斯福新政。我将尝试"回到历史现场",对胡佛经济政策进行再分析,以实现大家对胡佛经济政策的再认识。

二、微课实录

教学导入

胡佛真的很笨吗?多数人的观点:胡佛真的很笨。因为面对1929年的经济危机,他坚持不干预经济。

教师讲述

站在事后的今天,我们都知道,由于胡佛的不干预导致了经济危机的严重恶化,因此我们痛骂胡佛是个笨蛋。但是大家有没有反思过,我们其实无意中成了"事后诸葛亮"。

我的问题（回到历史现场）：为什么胡佛面对经济危机,会坚持不干预经济呢？

著名历史学家陈寅恪先生提醒我们,研究历史要对历史人物有"同情之理解,理解之同情",即设法回到历史发生的"现场",站在历史人物的立场去思考:为什么胡佛面对经济危机,会坚持不干预经济呢？

材料呈现

原因有两个:首先,19世纪以来,多次经济危机都是通过市场自我调节解决的,没有通过政府干预解决经济危机的先例。其次,1929年经济危机之前的"柯立芝繁荣"就是在自由主义思想指导下产生的,胡佛作为柯立芝总统的商务部长,参与了"柯立芝繁荣"的缔造。

教师讲述

结合这两个原因,我认为,在1929年经济危机刚刚发生的时候,只要是一个智商正常的人,都会首先采取政府不干预、让市场自我调节的办法。因为在1929年,这是应对经济危机的正常办法,也是屡试不爽的办法。所以,我认为胡佛即使不是天才,也应该是一个正常人,起码不能算笨蛋。那么或许同学们又有疑问了:之前的经济危机都能通过政府不干预、市场自我调节来解决,为什么到了1929年经济危机就不行了呢？

材料呈现

之前的经济危机由于供大于求的供求矛盾相对较小,通过价格机制的自我调节就解决了。1929年经济危机供大于求的供求矛盾太大,无法通过价格机制的自我调节来解决。

供大于求→东西太多,卖不出去→商品价格下跌→下跌到一定地步,会有人来买→买的人多了,价格上升→上升到一定地步,买的人减少→实现供求平衡。

供不应求→东西太少,买不到→商品价格上升→上升到一定地步→买的人减少,价格下降→下降到一定地步,买的人逐渐增加→实现供求平衡。

教师讲述

这就是市场的自我调节机制,其实就是通过价格的升降来改变供大于求和供不应求这两种不正常的局面,以实现良性的供求平衡。价格的升降调节就好像一个跷跷板。一头翘起,一头下降,但总是会回到两头平衡的局面。这就是为什么之前的经济危机都能通过市场的自我调节来解决的原因。但通过自我调节解决的前提是供求矛盾相对小,价格没有涨跌得很厉害,也就是跷跷板两头摆动的幅度不大。

但如果供大于求的矛盾很大呢?也就是跷跷板摆动得太厉害呢?那么跷跷板肯定会塌掉,不再会通过自我调节来重新实现平衡了。怎么办?这时就只能靠人把跷跷板修好,人为地重新实现供求平衡。由于生产力的快速发展和贫富分化的日益严重,导致1929年供大于求的矛盾空前巨大,市场无法再通过自我调节来解决经济危机了,这时候就只能靠一个人来修跷跷板,即需要国家干预经济了。胡佛有意识到这点吗?我想是有的。

材料呈现

胡佛的措施:1.成立复兴金融公司;2.签署紧急救济与工程建设法。

教师讲述

所以很难讲胡佛真的是不干预,至少他后来在某种程度上是部分干预了,而且这两点措施被罗斯福所借鉴。我们来做个小结。

起初的胡佛:不干预→后来的胡佛:部分干预→罗斯福:大规模干预

从不干预,到部分干预,再到大规模干预,非常符合我们的常识性认识。如果回到历史现场,我想胡佛的政策不能说一点道理都没有。因为人对任何事物的认识都是一个由表及里的过程,当然从另一个角度讲,这也反映了人的认识充满了局限性。

没有胡佛的不干预、部分干预,就不会有罗斯福一上台就开始的大规模干预。如果1929年的总统是罗斯福,我想他也不可能马上采取大规模干预的做法。如果1933年上台的是胡佛,我想他也可能会采取干预的做法。

三、微课思考

"回到历史现场",这是当下历史学界在研究视角选择上的一种共识。在高中历史课堂中,我们也可以参考这一方法,引导学生对历史事物进行更为深入的分析,在提升学生思考能力的同时,也能加深他们对历史事物的理解。如此一举两得,何乐而不为呢?

从供求关系看 1929 年经济危机发生的原因

慈溪中学　戴林云

一、选题背景

1929 年的经济危机是世界近现代史上的一个重大历史事件,其影响极深、极广,自然成为我们高中历史教学的重要内容。关于 1929 年经济危机发生的原因,我们教科书确已有论述,但这些教科书上所论述的原因与 1929 年经济危机之间到底是怎样的关系,也就是说这些原因与经济危机的发生之间到底是怎样的传导过程,对于这个涉及经济学理论的问题,无论是教参还是教科书都缺乏系统的"论证式"的讲述。我将试从经济学的供求关系来探讨 1929 年经济危机发生的原因。

二、微课实录

材料呈现

　　1929 年经济危机的原因:1. 根本原因:生产社会化与生产资料私人占有之间的矛盾。2. 现实原因:盲目生产、无序竞争、自由放任、贫富分化、狂热股票投机等。

教师讲述

　　教科书上所罗列的原因与 1929 年经济危机之间到底是怎样的关系,也就是这些原因与经济危机的发生之间到底是怎样的传导过程,我想这是我们平时课堂教学中很少涉及的。那么我们应该怎样去深入剖析 1929 年经济危机发生的原因呢?我给大家提供一个思路。

1929年经济危机的标志性表现：生产过剩。生产过剩＝供大于求。

生产过剩是1929年经济危机的标志性表现之一。生产过剩换成另一个通俗易懂的经济学术语就是供大于求。那么接下来的问题就是为什么会出现供大于求呢？

教师设问

为什么会出现"供大于求"？原因：1.供应（生产）太多；2.消费力不足。

教师讲述

那么我们怎样把这两个原因与教科书所罗列的那些根本原因、现实原因联系起来呢？也就是它们之间到底存在怎样的传导过程呢？

材料呈现

> 与"生产太多"相关的教科书上的原因有：a.股票泡沫所造就的虚假的财富效应。b.自由放任之下，盲目生产、无序竞争。

教师讲述

股票价格飞涨，大家股市里未兑现的账面财富大大增加，导致企业家错误地认为当时社会的消费潜力巨大，再加上政府不干预、自由放任，因而出现企业盲目生产、无序竞争，导致生产太多，供应太多。

材料呈现

> 1919年美国国民生产总值为742亿美元，1929年达到1031亿美元，1920—1929年工业总产值大约增长了53%，到1929年，美国已占资本主义世界工业生产比重的48.5%。
>
> ——人民版高中历史必修二（教参）

教师讲述

以上数据充分体现了经济危机之前美国蒸蒸日上的生产力，但当时美国有没有同样快速上升的消费力把这么多产品消费掉呢？答案是没有。

消费力不足的第一个重要原因就是贫富分化。

材料呈现

> 1926年统计，占人口十分之一的资本家拥有全国财富的十分之九，而广大劳动人民日益相对贫困。1929年（经济危机发生之前），约60%的美国家庭收入仅够维持生活。
>
> ——人民版高中历史必修二（教参）

教师讲述

这是危机爆发之前的贫富分化情况。危机爆发之后,股市泡沫破灭,失业率上升,贫富分化变得更为突出,中下层民众财富大幅减少,消费力严重不足。大家要注意,支撑一个社会主要消费的是普通民众,而不是少数富人。富人很有钱,但他消费的钱毕竟是他整体财富中很小的一部分,何况1929年经济危机中破产的富人也不在少数。

材料呈现

与"消费力不足"相关的教科书上的原因有:a.贫富分化。b.生产社会化与生产资料私有制之间的矛盾。

教师讲述

生产社会化与生产资料私有制之间的矛盾带来的问题也是贫富分化。社会化的分工合作,大大提高了生产效率,使得社会财富的蛋糕越做越大,按理这个蛋糕应该相对均匀地分配给每个参与社会分工生产的人,但由于以生产资料私有制作为财富分配的主要方式,结果当社会生产力越来越发达,劳动者与资本家之间的贫富差距反而扩大了。穷人较少的财富无法消费越来越多的产品,所以,供大于求、生产过剩就出现了。由此可见,贫富分化是经济危机的重要原因之一。2015年的诺贝尔经济学奖就颁给了普林斯顿大学一位研究贫富分化的教授。

材料呈现

安格斯·迪顿,美国普林斯顿大学教授,2015年诺贝尔经济学奖获得者,以研究贫富分化及其应对政策著称于世。

安格斯·迪顿

教师讲述

迪顿的获奖对于同样处于经济危机的当今世界有着特殊的现实意义,我们一定要关注当今世界的贫富分化。刚才我们已经论证了,解决经济危机,必须治理贫富分化。只有治理好贫富分化,我们才能有效地调节供求关系,改变生产过剩。

三、微课思考

我们通过供求关系分析了1929年经济危机发生的原因。供求关系是经济学中最基本的一对关系,也是最重要的一对关系,学会从供求关系出发来分析经济现象,这是最基本的经济学素养。熟悉经济学的一些基本理论将有助于我们更加深入地学习必修二专题六的《现代西方经济史》。

  1929年经济危机历来是经济史学界的研究热点,其发生的原因也是众说纷纭。从供求关系出发仅仅是我们探讨1929年发生经济危机原因的一个角度,我们还可以尝试从国际关系的演化、世界市场的发展等角度来进行进一步的探讨。历史研究本来就是一种"多棱镜"视角的研究,从多个角度出发来研究历史,我们才有可能更加接近历史的真相。

以"通货膨胀"治理"通货紧缩"
—— 罗斯福新政的一个经济学解释

慈溪中学　戴林云

一、选题背景

罗斯福新政在高中历史教材中的重要性是毋庸置疑的,其教学难度也是不可小觑的。学习的难度主要在于如何理解罗斯福新政的内容。众所周知,罗斯福新政是现代经济史上的重大历史事件,其指导思想凯恩斯主义也在现代经济学中占有举足轻重的地位,既然如此,我想如果我们要真正理解罗斯福新政的内容,恐怕唯有从经济学的基本理论出发方能达成目标。因此,从"通货膨胀"与"通货紧缩"这两个我们最熟悉的经济学概念出发,对罗斯福新政的内容做一番解释,以增进大家对罗斯福新政及凯恩斯主义的认识。

二、微课实录

材料呈现

　　1929年经济危机的标志性表现:生产过剩(供大于求)。

教师讲述

　　生产过剩是1929年经济危机的标志性表现,即供大于求、商品太多、卖不出去。因此可以推断:当时商品的价格肯定是暴跌的。而供大于求、价格下跌,是通货紧缩的典型特征。因此,我们得出一个结论:1929年经济危机是一场严重的通货紧缩危机。

在经济学层面,罗斯福新政主要就是围绕如何解决通货紧缩、生产过剩、供大于求等问题展开的。我们来看看罗斯福新政到底采取了哪些针对性措施。

材料呈现

罗斯福针对性的措施之一:授权联邦银行增发钞票以解决货币短缺。

教师讲述

通货紧缩的一大表现就是市场中的货币流通量减少,怎么解决?用经济学术语讲就是增加货币流动性,中央银行多印钞票。多印钞票的效果:1.货币多了,货币就贬值,民众为了不受货币贬值的损失,就会购买商品,从而拉动消费,改变生产过剩。2.增发货币,政府手中就有充足的资金来对经济进行干预,比如大规模救济和兴办公共工程。

材料呈现

罗斯福针对性的措施之二:降低"供"(生产)。1.让农民减耕减产,以提高农产品价格,政府用行政手段调节农业生产,减少农产品过剩。2.将(工业)生产的各个环节置于国家监督之下,以减少盲目生产。

教师讲述

工农业是现代经济创造实物产品的两大行业部门,罗斯福通过控制这两个行业的生产肯定能有效降低整个社会的商品过剩。

材料呈现

罗斯福针对性的措施之三:扩大"求"(消费力)。1.大规模社会救济。2.以工代赈。3.规定最低工资。4.建立社会保障体系。

教师讲述

把"供"(生产)降下来,把"求"(消费)拉上去,改变供大于求、生产过剩的局面,以实现供求平衡,制止价格暴跌,让价格回升,这是罗斯福新政解决经济危机的重要途径。而扩大货币发行量,实现货币贬值,改变供大于求的局面,让商品价格上升,在经济学上这些都是通货膨胀的典型特征。为什么要这么做呢?其实罗斯福就是在用人为制造适度通货膨胀的办法来治理1929年经济危机的通货紧缩。

罗斯福用"热"(通货膨胀)的办法来治理"冷"(通货紧缩)。胡佛用"冷"(通货紧缩)的办法来治理"冷"(通货紧缩)。

尽管在1932年,胡佛采取了成立复兴金融公司和签署紧急救济与工程建设法两大措施,开始对经济进行部分干预,但其治理经济危机的根本性思路依然是通货紧缩。必修二教材第112页最后一段写道"胡佛依然实行通货紧缩政策,削减政府开支,反对联邦政府进行救济。"就1929年经济危机通货紧缩的本质而言,胡佛的做法完全是南辕北辙,用"冷"(通货紧缩)的办法来治理"冷"(通货紧缩),结果经济越来越冷。因此,解决经济危机的基本思路就是:热的用冷的治,通货膨胀用通货紧缩治,冷的用热的治,通货紧缩用通货膨胀治,切勿以热治热,以冷治冷。这是罗斯福新政的一个基本的经济学解释。因此,我们也就可以解释2008年经济危机以来,美国的4轮QE(Quantitative Easing,中文译名:量化宽松)了。

本·伯南克

材料呈现

本·伯南克:美联储前主席、经济学家,以研究"大萧条"经济史著称。2008年经济危机发生后,美国经济面临通货紧缩的威胁,伯南克先后进行4轮QE,大规模增加货币发行量,使得美国经济逐步回暖。

教师讲述

严格来讲,伯南克其实是一位经济史学家,他以史为鉴,吸取胡佛以通货紧缩应对1929年经济危机的经验教训,推出量化宽松政策,学习罗斯福以通货膨胀治理通货紧缩的办法,使得美国经济逐步回暖。当然,伯南克大规模增发美元,使得大量美元流入其他国家,造成了其他国家的经济动荡,这是我们必须予以强烈批评的。

三、微课思考

社会上对于中学历史学科有种普遍性的认识:学习历史就是简单的读读背背、重复记忆。如何改变人们的这一陈旧认识呢?关键还是要加强高中历史教学的人文素养教育,进一步培养学生的历史分析能力。这就对我们历史教师提出了新的挑战,历史学科内容丰富、无所不包,涉及政治、经济、文学、哲学、艺术、科技等众多领域,因此要求我们历史教师要学得广,但光学得广还不够,我们还要学得深,我们必须对高中历史教学中所涉及的各个领域的知识都有较为深入的了解,只有这样我们才能更好地承担起加强学生人文素养教育、培养学生历史分析能力的重任。

苏联新经济政策被抛弃的原因

镇海中学　李启区

一、选题背景

人民版教材在论及新经济政策的影响时给予了高度的评价,说它调动了人民的生产积极性,使苏俄经济很快走出困境,巩固了工农联盟,巩固了苏维埃政权,是向社会主义过渡的正确途径,是社会主义建设的一次有益探索。而在下一节内容中提到从1928年起,新经济政策实际上被停止。每次教到这块内容的时候,学生经常会问:既然是好的政策,那么为什么突然被抛弃了呢？面对学生的质问,老师必须花一些时间做特别说明。原因在于:一是我们的教材对该问题没有进行任何的论述,二是老师一般也不会去关注,缺乏知识储备。为了讲清苏联新经济政策的来龙去脉,拓展书本知识以解决师生的困惑,很有必要讲清新经济政策被废除的原因,这也成了我选择该课题的缘由。

二、微课实录

教师提问

由于战时共产主义在战争结束以后继续推行导致了严重的经济危机和政治危机,后列宁及时进行政策调整,实施了新经济政策。新经济政策通过在一定限度内发展资本主义,利用市场和商品货币关系来扩大生产,改善工农联盟,逐步过渡到社会主义。那么,新经济政策实施后的成效又如何呢？

材料呈现

材料一

1913年—1925年俄国/苏俄/苏联的农业生产情况

项目 \ 年份	1913年	1920年	1925年	1925年/1913年
农业总产量（%）	100	67	112	112
种植业（%）	100	64	107	107
畜牧业（%）	100	72	121	121
粮食（万吨）	7.650	4.519	7.247	94.7
牛（万头）	6.060	5.250	6.210	102.5
猪（万头）	2.090	1.750	2.180	104.3

材料二

1913—1926年俄国/苏俄/苏联的工业生产情况

项目 \ 年份	1913年	1920年	1925年	1926年
总产值（按1926/1927年度价格计算）（亿卢布）	102.51	14.10	77.39	110.83
产值指数（以1913年为100）	100	13.8	75.5	108.1

教师讲述

从以上数据可以看出，到1925年苏俄的工农业生产得到迅速发展，这说明新经济政策适应了生产力发展水平，调动了工人、农民的生产积极性。教材也对新经济政策给予了高度评价，说"新经济政策是列宁从经济文化相对落后的国情，在总结战时共产主义经验教训的基础上找到的一条向社会主义过渡的正确途径，是列宁对俄国社会主义建设进行的一次有益探索"。

教师提问

1928年，随着俄共（布）党内反对以布哈林为首的"右倾机会主义"斗争的展开，全国工业化和农业集体化运动开始，新经济政策被终止。斯大林说："我们所以采取新经济政策，就是因为它为社会主义事业服务。当它不再为社会主义事业服务的时候，我们就把它抛弃。"斯大林抛弃新经济政策，代之而起的是斯大林模式。那么新经济政策为什么会被抛弃呢？

教师讲述

第一，列宁的去世是新经济政策中断的重要原因。新经济政策是列宁晚年探索社会主义的重要理论,通过"迂回过渡到社会主义","退一步就是前进两步",他认为新经济政策是长期政策,而不是权宜之计。但是列宁的身体非常不好,多年的革命活动、流放地的艰苦生活,已使列宁的身体受到损伤。1918年列宁遇刺,身受重伤。从1921年起,列宁的身体每况愈下。1922年,列宁第二次中风后基本退出政治舞台,1923年第三次中风后,完全丧失了工作能力。1924年1月列宁去世。列宁去世后(1925年),新经济政策基本停止。新经济政策真正实施只有3年左右。列宁去世后,斯大林等苏共领导人就开始否定新经济政策了。斯大林说"长期执行新经济政策会扼杀社会主义因素而复活资本主义";托洛茨基说"我们实行新经济政策,目的是在其基础上战胜它";加米涅夫说"新经济政策是向小资产阶级的农民的自发势力妥协,小资产阶级是大资产阶级的萌芽"。可见列宁去世是新经济政策中断的重要原因。

第二,斯大林对新经济政策的错误认识是其终止的主要原因。首先斯大林认为新经济政策不是长期政策,只是一种权宜之计。列宁在探索社会主义建设过程中,实践过两种模式:一种是直接过渡到社会主义的战时共产主义政策,一种是逐步过渡到社会主义的新经济政策。由直接过渡到逐步过渡是列宁关于社会主义本质问题在思想认识上的一次深刻变化。

材料呈现

材料三 我们原来打算直接用国家的法令,在一个小农国家里按共产主义原则来调整国家的生产和产品分配。现实生活说明我们犯了错误。

——列宁

材料四 目前已很清楚,我们用冲击的办法,即用简捷、迅速、直接的办法实现社会主义生产和分配的原则的尝试已经失败了。……政治形势向我们表明,在许多经济问题上,必须退到国家资本主义上去,从冲击转到围攻的方法上去。

——列宁

教师讲述

新经济政策的实施,迅速地扭转了俄国当时的经济和政治危机。列宁在世期间,斯大林表面上是拥护他的,但他还没有从世界革命的阴影中走出来,在他看来,实现新经济政策的"迂回道路",不是找到了一条建设社会主义的新途径,只是一种权宜之计,目的是为了最终激发起世界革命。列宁去世以后,斯大林就废除了新经济政策。

材料呈现

　　材料五　斯大林仍然停留在战时共产主义政策的理论思考中,他的思想并没有从战时共产主义政策的理论和方法中摆脱出来。

—— 陈榕

教师讲述

　　第三,斯大林在理论上不承认新经济政策是列宁主义的重要组成部分。1924年4月,斯大林对列宁主义下了一个著名的定义:"列宁主义是帝国主义和无产阶级革命时代的马克思主义。确切些说,列宁主义是无产阶级革命的理论和策略,特别是无产阶级专政的理论和策略。"斯大林所阐述的列宁主义是不搞社会主义经济建设的"列宁主义"。斯大林对列宁主义的理解完全停留在十月革命和国内战争的阶段,根本不提列宁为探索在落后国家建设社会主义所取得的成果,不提实行新经济政策的探索和实践。对列宁主义的理解过于简单化,认为列宁主义不包括关于列宁建设社会主义的思想。

　　其四,斯大林在实践中曲解列宁晚年的社会主义思想,直到完全抛弃。1928年出现了粮食收购危机,斯大林认为:出现粮食收购危机的真正原因是实施新经济政策,农村新产生的富农阶级勾结投机商,采取囤积粮食、抬高粮价的办法来对付国家,实质是农村资本主义分子在新经济政策的条件下,在苏联建设的最重要问题之一即粮食收购问题上,对苏维埃政权发动的第一次严重进攻。解决的具体办法就是派驻工作队到农村,挨家挨户地把余粮按照国家的价格强行收购上来。斯大林的这些观点和做法,实际上又回到了战时共产主义政策的理论和方向上,而针对战时共产主义政策的错误而提出来的新经济政策,至此,已被斯大林否定掉了。

三、微课思考

　　本节微课针对有关苏联新经济政策被抛弃的原因虽然作了一个梳理和说明,但要让学生理解还是有一定难度的。这节微课主要的问题是除了斯大林的因素外,我们还没有提供更多有关苏联当时社会主义建设过程中的探索的一些争论。另外可以让学生思考:有人说新时期建设有中国特色社会主义道路和苏俄的新经济政策极为相似,中国坚持并取得成功的原因是什么?

从希腊债务危机看欧洲一体化

镇海中学　李启区

一、选题背景

欧洲一体化从启动至今,取得了举世瞩目的成就,被誉为区域一体化的典范。而近年来希腊债务危机给欧洲一体化带来了强烈的冲击,给欧盟带来了新的考验,也暴露出了欧盟的很多问题。选此课题的缘由有以下两个方面:第一,希腊债务危机给欧盟带来了极大挑战,给世界经济也带来了很大冲击,这是一个重要问题,也是一个热门话题;第二,基于对欧洲一体化的全面认识。教材在论述欧洲一体化影响的时候,写到"使欧盟的综合实力大大增强""成为与美国、日本并立的世界经济三强。在世界格局日趋多极化的今天,欧洲联盟对世界经济和政治格局有着重要的影响",这主要是从肯定的角度进行评价,没有论及它的不足。因此很有必要对欧盟存在的问题进行一番交代。

二、微课实录

教师提问

近年来希腊债务危机给欧洲一体化带来了强烈的冲击,使欧盟一次又一次地站在十字路口、一次又一次地面对危机。那么希腊债务危机到底是怎样的一场危机呢?

教师讲述

2009年11月,希腊政府宣布,2009年希腊的财政赤字占GDP的比例将高达13.7%,而非原本预测的6%。12月11日,希腊政府对外公布,国家债务总额达3000亿欧元,而 GDP 只有 2400 亿欧元。这一消息引起了国际金融市场的恐慌。国际评级机构先后调低希腊的主权信用评级。希腊债务危机迅速蔓延,其他一些欧洲国家如葡萄牙、西班牙等受到危机困扰,希腊主权债务危机开始演变成欧洲主权债务危机。2014年4月27日,标普将希腊主权信用评级再次调低至"垃圾股",国际金融市场发生强烈震动,欧元大幅度走低,遭遇正式面世以来最为严重的生存危机。如果不能及时应对,将会导致欧元区的解体,并可能祸及全球经济。

教师提问

从 1951 年欧洲煤钢共同体的建立到 1967 年欧洲共同体的成立到 1993 年"马约"正式生效,欧盟正式成立再到 2002 年欧元开始进入流通领域,可以说欧盟的成立顺风顺水。经过几十年的发展,欧盟在经济建设领域取得了引人注目的成就,成为世界经济三强之一。在世界格局日趋多极化的今天,欧盟对世界经济和政治格局有着重要的影响。似乎欧盟一路发展都很顺利,看不出它有什么缺陷,至少缺陷没有被暴露出来。然而希腊债务危机把沉积多年的矛盾和缺陷全部暴露出来了,那么到底暴露了欧盟哪些问题呢?

教师讲述

第一,欧盟的不断扩大为危机埋下了隐患。1951 年欧洲煤钢共同体成立的时候只有六国,到 1986 年发展到十二国,2004 年增加到二十五国,2013 年克罗地亚加入欧盟,使欧盟成员国已经达到二十八国。这些成员国的经济发展水平存在很大的差异,经济发展相对落后的国家的加入导致欧盟的发展被拉后腿,总体经济水平下降。希腊是在 1980 年加入欧共体的。当时希腊是一个经济较为落后的国家,不具备加入欧共体的条件。但由于希腊是世界民主政治的摇篮,成员国出于政治考虑,接纳希腊加入欧共体。欧元区启动以后,再次出于政治目的,放低条件让希腊成为欧元成员国。有学者指出:"如果希腊没有进入欧元区,或许很早就可以向 IMF 求助。所以拖累了欧洲,其实欧洲也拖累了希腊。"

第二,成员国的自身利益和主权诉求依然是制约一体化向超国家方向发展的障碍。

著名历史学家钱乘旦认为:"二战后人们企图修补这个社会,修补在两个方向上进行,一是修补资本主义,二是修正民族国家。修正的方向是企图'超越'民族国家。"从欧共体到欧盟,确实超越了民族国家,但是当成员国间出现利益冲突时,各国的通常做法是优先考虑本国利益,相互展开博弈,力求本国利益最大化。当希腊出现债务危机的时候,各国在拯救时出现了很大的意见分歧。如德国是货币一体化的最大受益者、实力最强的国家,因此坚持稳定的欧元和稳健的货币政策,反对掏钱援救希腊,反对欧盟和其他机构介入,要求希腊自己解决债务问题。德国这样做主要是出于国家利益的考虑。当时德国正在考虑阻止国内债务膨胀,推动经济复苏,而欧盟此时提供再融资帮助偿还到期债务,德国将要提供大规模贷款,这有可能影响到德国国内的经济复苏计划。法国的主张是,欧元区成员国采取变通办法救助希腊,反对希腊求助于 IMF。法国认为欧元区成员国的利益是捆绑在一起的,不救助会造成整个欧元区的金融混乱,殃及法国,会影响法国作为欧盟核心大国的地位。法国反对求助于 IMF,主要是担心 IMF 的插手会对欧盟和欧元的形象和地位造成负面影响,威胁到法国在欧盟的地位和影响力。随着危机越来越严重,为了拯救欧元,更为了拯救联盟,欧元区十六国才最终达成救援协议。

这说明欧洲一体化过程中成员国对自身利益和主权的维护是制约一体化向超国家方向发展的障碍。

希腊债务危机和救助计划

第三,希腊债务危机暴露了欧盟内部许多制度问题。首先,货币政策和财政政策存在矛盾。货币政策被授予欧洲央行负责,欧洲央行在法律上独立于欧元区的各个成员国,以保证其不受各国政治势力的影响,但财政政策仍然由各国独立执行。货币政策统一了,而财政政策却不统一,就可能造成各国产生不断借债的冲动,造成举债过度埋下债务危机的隐患。其次,监督制度不严格。根据欧盟的《稳定和增长公约》,各国财政赤字占 GDP 的比例不能超过 3%,债务余额占 GDP 的比例不能超过 60%,并制定了相应的处罚条款。从现实来看,根据欧盟 2009 年和 2010 年的统计数据,27 个成员国只有瑞典和爱沙尼亚的赤字率达标。造成希腊债务危机的主要原因是高赤字和高债务，2009年，欧盟的赤字率高达13.6%，债务率高达124%。同时，借助高盛公司的金融运作，采用货币到期的交易手段掩盖了部分赤字，才使希腊顺利加入欧元区的。这一切都说明欧盟的监督机制存在很大的问题。再次，高福利制度导致高赤字、高债务，促成债务危机。从20世纪80年代以来，希腊民众为了争取高福利，用选票选举承诺高福利的政党上台，竞选人为了上台执政，则不断提高福利水平。希腊人仅靠自己的财政收入是无法维系高福利的，就必须大借外债。高昂的福利费用扩大了国家债务和政府赤字。当国家经济不景气的时候，必然导致金融危机。其实欧盟国家整体社会福利支出都很高。最后，危机救助机制不完善。欧盟没有设立一个专门解决危机的机构。希腊债务危机刚爆发的时候，各成员国都处于观望状态，在危机越来越严重的情况下才迟迟推出救援计划。由于没有及时救助，也没有从萌芽状态加以遏制，才导致危机愈演愈烈。

三、微课思考

增加有关从希腊债务危机看欧洲一体化的视角来帮助学生认识有关欧盟形成后的作用，这也是学习历史的另一种办法。以当今的时政内容来启发学生学习历史知识，可能会增加学生的学习兴趣，激发起他们研究某一历史问题的欲望，这也是一种尝试。

从巴黎恐怖袭击透视全球化背景下的主要问题

镇海中学　李启区

一、选题背景

选此课题的主要缘由是2015年发生的巴黎恐怖袭击案,它深深地触动了我的心弦,同时我觉得选择该课题颇具现实意义。法国巴黎遭遇严重的恐怖袭击,造成至少400多人死伤。该事件震撼了法国,也震撼了世界,引发了世界人民对经济全球化的深刻反思。恐怖袭击在全世界范围内频繁发生,说明恐怖主义已经成为全人类和世界面临的共同问题。通过对该课题的研究,以恐怖主义为例,透视出经济全球化存在哪些主要问题?这些问题出现的主要原因是什么?又该如何解决它?

二、微课实录

教师讲述

经济全球化,是全球社会生产力高度发达的一个必然结果,是不可逆转的发展潮流。1995年1月1日,世界贸易组织正式成立,表明经济全球化的进程取得了实质性的进展。20多年来,世界经济以飞快的速度向前发展,取得了非常大的成就,使世界真正变成了地球村。

地球成为一个密切联系的整体

2015年11月13日晚,当法国人民正在享受美味晚餐时,正在陶醉于一场音乐会时,正在为自己喜爱的足球队加油时,极端组织IS对他们发起了恐怖袭击。在这次恐怖袭击中,造成至少400多人死伤,其中1名中国公民遇难。袭击发生后,恐怖组织"伊斯兰国"宣称对此袭击负责,并宣称下一个目标将是英国。恐怖组织屠杀无辜平民,气焰嚣张,令人发指,造成世界局势紧张。此次恐怖袭击成了欧洲版的"9·11事件",震撼了法国,也震撼了世界。事后欧洲多国领导人都表示要给恐怖组织以最无情的打击。全世界各国对恐怖分子纷纷表示出了极大的愤慨和谴责。

教师提问

巴黎遭恐怖袭击已经不是第一次了,2015年1月7日,法国巴黎《查理周刊》杂志社遭一伙武装人员持突击步枪和霰弹枪袭击。恐怖袭击为什么屡屡发生在巴黎?

教师讲述

第一,是因为巴黎在安全防范方面存在安全漏洞,导致极端组织容易得逞。第二,是因为巴黎是整个欧洲的中心城市,在这里制造恐怖袭击可以造成辐射效应,产生全球性影响。第三,西方国家在叙利亚、伊拉克等中东地区的军事行动,造成叙利亚难民飙升,激起极端组织的报复性打击,为了达到一定的政治目的,以暴恐手段对法国和其他西方国家起到恐吓作用。第四,经济全球化是以发达资本主义国家为主导的,各国在利益上存在极大的冲突,弱小的国家为摆脱贫困、落后和饥饿等往往会采用极端手段。同时全球化为恐怖主义提供了重要条件。第五,极端组织和极端宗教主义。极端组织IS是这次恐怖袭击的元凶,IS成员大都是伊斯兰极端分子。据2015年数据,穆斯林大致占法国总人口的7%到10%,这个比例在欧洲各国中算高的,这些移民享受法国的优厚福利待遇,但是由于宗教信仰、生活方式、穿着打扮等不同,无法真正融入法国主流社会,经常受白人的歧视,如法国禁止女性在公共场所蒙头遮脸,这让他们产生自己是低等国民的感觉,所以他们要"为先知复仇"……

教师提问

巴黎恐怖袭击后,人们应该反思什么?

教师讲述

第一,疏于枪械管理。一些西方国家以倡导民主自由为名,容忍私人保留枪支弹药,留下了枪杀隐患。巴黎2015年两次恐怖袭击使用的突击步枪、霰弹枪和AK47步枪,都跟管理松散有关。第二,疏于情报获取和交换。这次恐怖袭击事件多点同发,显然是精心策划、预谋已久的,为什么法国情报部门一无所知?可以看出这次恐怖袭击非常隐蔽,同时可以看出情报机构获取情报的能力有限。美国情报部门可以窃取盟国领导人的隐私,为什么却没有监听到恐怖袭击的蛛丝马迹?是否监听对象发生了错乱?第三,疏于边境管理,大量难民涌入,难免鱼龙混杂,不排除恐怖分子夹杂其中。第四,公共场所和人群密集场合保安力量薄弱,安保人员分身乏术、反应迟缓。这些都给了恐怖分子以可乘之机。

教师提问

从美国"9·11事件"到中国的新疆暴恐事件再到巴黎的恐怖袭击,恐怖主义已经成为全人类和世界面临的共同问题。恐怖主义是经济全球化下世界面临的主要问题之一,那么世界还面临着哪些问题呢?

教师讲述

第一,南北发展不平衡。由于殖民主义的历史影响和不合理的国际经济秩序的存在,发达资本主义国家在经济全球化中起主导作用,它们不仅垄断了世界商品市场、金融市场和科技市场,而且通过大力推行贸易保护主义,压低初级产品价格等手段,掠夺和剥削发展中国家。再加上一些发展中国家获得政治独立后,国内政局动荡、债台高筑、饥荒不断,其经济已处于崩溃的边缘。一些发展中国家经济的严重恶化,使世界经济面临着大规模动荡的危险。据联合国2001年统计,在过去30年间,最不发达国家的数量从25个增加到49个;世界绝对贫困人口从五年前的10亿增加到12亿;工业化国家与30个最穷国家的人均收入相差至少70倍;世界上3个最富有的人的财富,超过了60个穷国国民生产总值之和。

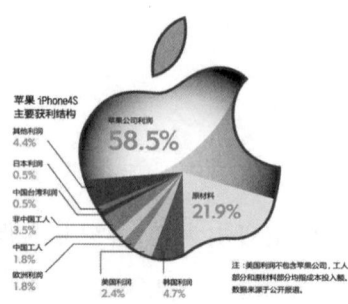

全球贫富差距拉大

第二,环境污染越来越严重。今天人类生存环境的破坏已达到惊人的程度,如水污染,在城市里你很难找到一条清澈的河流,泛黄的河水,臭气熏天;空气污染,高耸的烟囱将滚滚浓烟排入空中,人们呼吸着夹杂着各种味道的空气,看不到湛蓝的天空,只看到人心惶惶的雾霾;全球气候变暖,八九十年代中国南方冬天下雪是常事,雪很大,天气很冷,但现在很难遇上一场大雪,有些年份连小雪都没有。据科学家预测,如果人类不立即采取行动减少温室气体排放,那么到本世纪末,地球表面的温度将会上升4℃。届时,地球上的大部分陆地将变成沙漠,还有一些土地会被上升的海平面淹没,大多数动物将从地球上消失,只有约10亿人能幸存下来,并艰难地生活在加拿大、西伯利亚、格陵兰岛、南极洲等冰雪融化的地带。环境问题越来越严重,直接威胁到人类的生存。越来越多的国家开始重视环境问题,可喜的是,2015年巴黎全球环境大会取得非常大的突破,通过了全球气候变化新协议《巴黎协定》,各方将加强对气候变化威胁的策略应对,把全球平均气温较工业化前水平升高幅度控制在2℃之内,并为把升温控制在1.5℃之内而努力。本世纪下半叶实现温室气体净零排放。

第三,人口爆炸、能源危机、粮食短缺、毒品泛滥、传染病横行等。

教师提问

以上问题都直接危及人类的生存与发展,影响着全人类的根本利益。针对这些问题我们又该采取哪些措施呢?

教师讲述

推行可持续发展战略,建立起公正、合理的国际政治经济新秩序,开展广泛的国际合作,就能达到世界各国的共同繁荣与稳定。这与习近平总书记提出坚持推动构建人类命运共同体是一脉相承的。

三、微课思考

对学生们来说,发生在过去的史实往往较为陌生,因此平时的历史学习往往会产生时代的疏离感,而尝试从当今世界发生的重大事件作为切入点,则能给学习带来可讨论和思考的时间。如何从当今的历史事件去探究历史的渊源,从而增加学生的兴趣是可以探究的。

从"百家争鸣"到"独尊儒术"

宁波外国语学校　胡谟旭

一、选题背景

春秋战国时期诸子百家的争鸣奠定了中国传统文化的基础,而儒家思想逐渐脱颖而出,成为中国传统文化的主流思想。但儒家思想为何能够脱颖而出?在百家争鸣过程中,它曾遇到过哪些挑战?儒家学派的代表是如何应战的?沧海横流方显英雄本色。在历史的激荡与回响中,笔者试图还原这一过程。

二、微课实录

教师导入

在电影《一代宗师》中,叶问说:"功夫就是两个字——一横一竖。赢的站着,输的躺下咯。"其实,何止功夫,中国传统思想文化的结构也是一个一横一竖的"T"字形。一横指诸子百家的思想争鸣;一竖指儒家思想。诸子百家奠定了中国传统文化的基础;儒家思想逐渐成为中国传统文化的主流。

教师讲述

1. 说到儒家你眼前会浮现几张面孔?

——孔子、孟子、荀子、董仲舒、张载、程颢、程颐、朱熹、陆九渊、王阳明、黄宗羲、顾炎武、王夫之……

无论有几张,都要面"孔",因为他是儒家创始人。

2. 孔子为何创立儒家学派？

—— 春秋战国时代出现了铁犁牛耕，导致了礼崩乐坏，原来的社会秩序乱了，社会就动荡了。孔子要恢复周礼，主张在人人道德自觉的基础上建立礼乐文明的社会。他的学说的核心思想就是仁和礼，仁者爱人、礼有差等，就是要让这个世界既充满爱又有秩序。

3. 谁也主张"让世界充满爱"，但却反对儒家？为什么？

—— 墨子，因为他主张"兼相爱"，无差等的爱，墨子认为这样才能真正实现"交相利"，实现社会稳定和利益最大化。

—— 一般认为，这是由于墨子更多的代表下层小生产者的利益。他们最缺少爱，所以要兼爱；最希望社会安定，所以要非攻。墨家推崇夏朝政治，主张节用、节葬、非乐等思想都贯穿了讲求实际功利的精神，这些都反映了下层小生产者的愿望。

4. 面对墨家的挑战，儒家学派有谁应战？如何应战？

—— 孟子。孟子更多地继承了孔子"仁"的思想，提出了具体的基本道德规范（仁、义、礼、智），继承了孔子"德治"的思想，主张"仁政"，推行"民贵君轻"的民本学说。但他认为无差等的爱的泛滥，会造成看似合理实则混乱的状况。他对墨子劈头盖脸痛骂："墨氏兼爱，是无父也。无父无君，是禽兽也。"父亲生你养你，你却爱别人如爱他，不是禽兽是什么？

5. 不论仁爱还是兼爱，都是要做些什么。有没有人主张不做？他如何论述其主张？

—— 这个人就是道家的老子，他提倡"无为"，认为社会动荡的根源在于有为。他用道来说明宇宙万物的起源和演变规律，道决定了事物有向相反方向转化的规律，如老子认为只有统治者因循自然地"无为"，回到小国寡民的状态，老百姓才能安定，进而"无不为"。这一思想后经演化，为法家所借鉴。所以我们书上讲韩非子也吸收了道家思想。

6. 面对来自道家站在哲学高度的质疑，儒家如何回应？

—— 荀子广泛吸收各家思想精华，丰富早期儒家的思想内容。他吸收道家思想，提出"天行有常"，即自然界是有其自身的规律的。但他又站在儒家立场指出"人道有为"，主张"制天命而用之"。他吸收法家思想，发挥了孔子"礼"的思想，认为学习的最高目标是把握"礼"，主张"礼治"，实则偏向"礼法并重"。所以一个儒家的学者，教出了两个法家的学生 —— 李斯和韩非。

7. 与儒、墨、道三家主张回到过去（儒家 —— 西周、墨家 —— 夏朝、道家 —— 小国寡民）

相比,法家有什么突出的特点?

——法家主张历史是向前发展的,他们要建立君主集权制度,厉行赏罚,奖励耕战。

8.在当时哪家的思想对历史发展的推动作用最大?为什么?

——法家。因为法家思想有利于建立君主专制中央集权制度,适应了秦朝统一的要求。

9.秦朝采用法家作为指导思想有没有实现长治久安?怎么办?

——秦二世而亡,只存在了15年。这就说明了单一的法家思想不能适应社会发展的需要。应该把法家思想与其他思想相结合。

10.哪家思想和法家思想结合有优势?为什么?

——儒家。儒学崇尚道德教化能弥补严刑峻法带来的负面影响,且荀子融法入儒,做了较好的铺垫。

11.谁把法家跟儒家思想结合起来?他是怎么结合起来的?

——西汉的董仲舒。首先,他建议汉武帝,罢黜百家,表彰六经,其实质就是独尊儒术,这其实是法家加强思想控制的体现;其次,他要求君王实践德政,推行教化,又是儒家的突出特点;最后,为了给专制君主提供权力来源合法性,他吸收阴阳家思想,提出君权天授。就这样,儒学在汉代被确立为官方正统思想,即定于一尊,成为中国传统思想文化的主流。

材料呈现

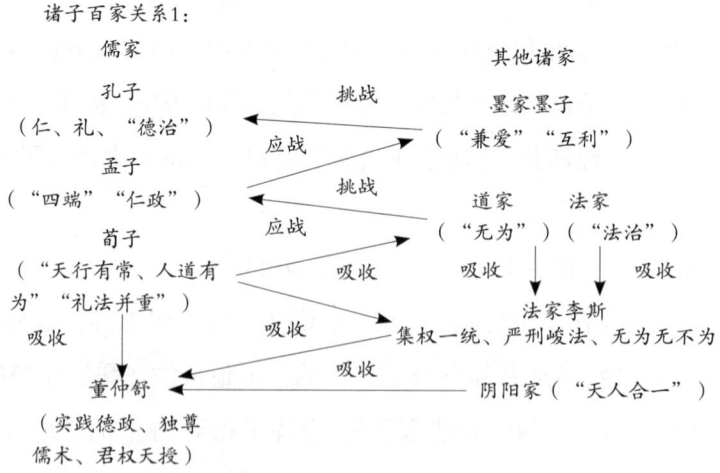

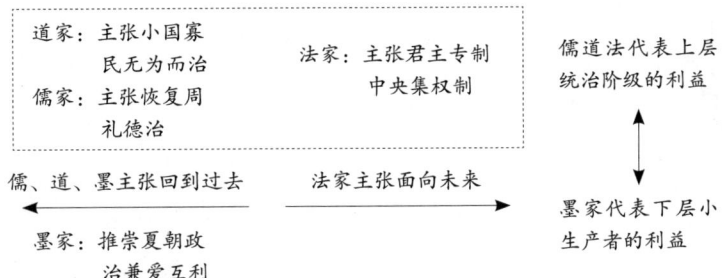

三、微课思考

1. 从"百家争鸣"到"独尊儒术",中国传统思想文化的演变符合电影《一代宗师》中叶问说的"赢的站着,输的躺下"吗?为什么?

2. 春秋战国时期的诸子百家分别在哪些方面做出了较大贡献,从而为中国古代文化发展起到奠基作用?

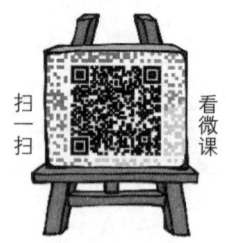

信仰的重建

宁波外国语学校　胡谟旭

一、选题背景

汉魏以后,儒学的正统地位受到来自佛教、道教的冲击。面对汉、唐亡于内乱的教训,宋代的思想家们掀起一场儒学复兴运动,试图从哲学的高度论证儒家伦理纲常的合理性,宋明理学应运而生。

但《宋明理学》一课的教学重心应该放在"理学为什么能够成为主流思想?""为什么能够影响后世六七百年?"这两个问题上,归结为一点就是"理学(心学)为何能使社会各阶层(尤其是士大夫)重新确立对儒学的信仰?"。而要讲清这个问题,必须让学生对理学(心学)的基础知识先有一个初步的了解。

二、微课实录

教师导入

师生合作:完成部分表格

宋明理学

派别		程朱理学	陆王心学
内容	本体论	理(道德),理在物(事)中	理在心中,心即理,心外无理
	修养论	格物致知	发明本心致良知、知行合一
特点			
影响		成为官方正统,维护专制政治	

教师设问

主题探究:为什么说心学的出现标志着重建儒家信仰的理论任务已经完成?

(1)什么是信仰?①是心灵的产物;②通常指对某种主张、主义、宗教或某个人的极度相信和尊敬,拿来作为自己行动的指南或榜样;③会因为个体经验或外在因素而确立、强化或丧失。

(2)信仰是心灵的产物,心学符合这一特征吗?符合。

(3)信仰会因为个体经验或外在因素而确立、强化或丧失,这其实是说如何用生活的经验来证明你的信仰是正确或是错误的。

材料呈现

王阳明的学生抓到一个小偷。学生问小偷还有没有良知。小偷说我都是小偷了还有什么良知。学生说:天气很热,你把外套脱了。小偷照办了。又请他脱掉内衣,小偷又照办了。学生说:你把裤子脱了。小偷说什么也不脱了。

学生说:这就是你心中的良知!

教师讲述

一个理论若要让更多的人相信和推崇,那这理论就必须是比较完备的,儒学完备吗?

什么叫"未能为自己的思想理论找到终极的立足点"?——传统儒学的缺点:缺少令人信服的对世界本原和人生终极目标的系统、精密的论述(缺乏"性命之源"的高度)。不论是孔子的不可知论(未知生,焉知死?),还是董仲舒的"君权天授"都是如此。——佛教和道教就不一样了,佛教认为世界的本原是空,终极目标是成佛;道教认为世界的本原是道,终极目标是成仙。

理学(心学)对此做了怎样的改进?——世界的本原是理(道德),终极目标是成圣。

理学(心学)还有哪些超越佛、道之处? —— 按照朱熹的观点,理学超越佛、道的地方就在于,儒家的圣人在获得精神自由的同时,还有强烈的社会责任感。(宋儒认为:汉、唐亡于内乱,是由于人们受佛、道思想的影响,不重视儒家伦理道德,缺乏社会责任感的结果)也就是说,儒学不是心向彼岸的宗教,而是情牵此岸的哲学。

陆王心学比程朱理学更容易成为信仰的原因是什么? —— 强调理(道德)在心中的心学,进一步让人意识到每个人都有成圣的可能性,比需要埋首书册的程朱理学让人易懂、易接受、易实践,所以就调动了社会各阶层的积极性,重新确立了儒家信仰。

重新树立、正确理解儒家信仰有什么积极意义? —— 造就了中华民族的一批仁人志士,促进中华民族的民族精神的形成。

同学们再思考一下,信仰被误用会造成怎样的后果?

三、微课思考

本知识内容的学习是非常难的,教师在教学中要力求通俗化,学生在学习后还可做如下功课:

1. 根据课本,并查阅历代封建统治者对待、利用理学的相关资料,说明朱熹要利用理学"正君心"(即教化君主、限制君权),但理学却"成为维护专制主义政治的工具"的原因。

2. 查阅王阳明的相关事迹与著述,说明陆王心学和程朱理学的区别,并完成"师生合作完成"的表格。

3. 查阅朱熹的相关事迹与著述,说明理学对中国社会影响深远的其他原因。

"六经责我开生面"

宁波外国语学校　胡谟旭

一、选题背景

明清之际是中国历史上又一思想活跃时期。明代中后期,由于商品经济的发展,生产关系发生了一定程度的变化,导致出现了一些挑战官方正统儒学纲常、极具个性的思想。但随着明朝灭亡,学者们开始集中思考民族兴亡、制度变革以及儒学正统等问题。这些旨在经世致用的思想,使当时官方正统儒学受到一定的冲击。但随着清朝统治者加强文化控制,这些思想未能从根本上动摇官方正统儒学的地位。

明末清初的三大思想家以接续圣人之道、复兴儒学正统、为万世开太平为己任,提出了一些进步思想,为中国近代思想家们提供了武器。笔者试以"六经责我开生面"(王夫之语)为题,旨在说明他们具体的思想贡献及在儒学谱系中的地位。

二、微课实录

教师导入

17世纪中叶,清军入关后乘势南下,歼灭农民军和明朝残余,统一中国。有人认为,理学(心学)应当为此承担责任,因为理学(心学)造成了士大夫们"无事袖手谈心性,临危一死报君王"的社会风气。你认为这样的批评对吗?

教师讲述

（一）（承接上课）信仰被误用会造成怎样的后果？

（1）（回顾）什么是信仰？

理学（心学）的要求：①正心诚意，格物致知（致良知，知行合一），即遵守儒家道德规范；②齐家、治国、平天下（朱熹：正君心；王守仁：知行合一），即经世致用。

（2）那些"无事袖手谈心性，临危一死报君王"的"空谈义理心性"的士大夫没有遵守理学（心学）要求中的哪一点？——经世致用。

材料呈现

在科举考试中，明统治者一以程朱注为归，而且指令"但许言前代，不及本朝"。……朱元璋命令删节《孟子》（引者注：理学的重要典籍，"四书"之一），如"君之视臣如草芥，则君视臣如寇仇"，"民为贵，社稷次之，君为轻"等。

——冯天瑜等《中华文化史》

根据材料指出明朝统治者对待儒学（理学）的态度？——削弱儒学（理学）经世致用的价值，删除儒学（理学）中不利于君主专制（民本思想）的内容。

朱子要求"正君心"，统治者却用理学加强思想控制和专制集权。所以明朝灭亡是否只怪"士大夫"们？

教师讲述

（二）明末清初三大思想家的反思成果。

（1）明朝灭亡更应该是谁的责任？——最高统治者及明代废除丞相后所出现的绝对君主专制。

（2）明末清初三大思想家在"反思君主专制"方面提出了怎样的主张？黄宗羲主张"君臣平等"、废"一家之法"建"天下之法"、学校是决定是非的最高机构。

顾炎武提出"寓封建之意于郡县""以天下之权，寄之天下之人""天下兴亡、匹夫有责"（梁启超语）的"众治"主张。

王夫之批判"孤秦""陋宋"，主张"循天下之公"。

专制君主固然应受到批判。明末清初三大思想家认为士大夫阶层该做什么？

——经世致用，如黄宗羲提倡工商皆本，顾炎武提倡实学。王夫之更是立足于对传统文化和西学的钻研，在发挥"气一元论"（其实王夫之也是理学家，只不过他是周敦颐、张载一派的杰出代表）唯物思想的基础上，提出了尊重物质运动规律的自然史观和社会史观，强调"天地之化日新"，反对在"势之必然"的历史运动之外谈论"天命""神道""道统"对历史的主宰。也就是说,王夫之力图摆脱用"理(道德)"来解释历史,并主张从纷繁复杂的历史运动中去揭示历史过程中的某些客观辩证法,探寻历史发展的规律和动力,从而达到经世致用的目的。

——明末清初的三大思想家都力图摆脱被官方利用理学的影响,从先秦儒学中寻找根据(黄宗羲的"三代学校"、顾炎武的"寓封建之意于郡县")。而王夫之则更加明确地指出"六经责我开生面",意即儒家传统(或是中华文化的传统)让我有接续圣人之道、为万世开太平的责任。

(3)是否能认为他们的思想已经是早期民主思想了?

——不能。学界有争议,至少我个人不这么看。明末清初三大思想家的思想已经达到传统儒学中民本主义的极限,成为中国近代进步思想的先声。一旦新的阶级出现在历史的地平线上,他们的思想便将成为人们劈向专制牢笼的利剑(反专制主义思想家们的思想武器)!

(4)如何理解从先秦到明清儒学的发展变化?(儒家究竟有几张面孔?)

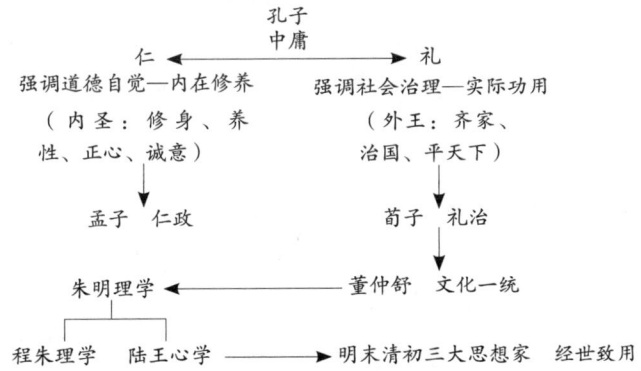

其实儒家主要有"内圣"和"外王"两张面孔,但在孔子那里这两者是统一的,后世儒家学者只是各有侧重而已。

(5)儒家文化(中国传统文化)为何呈现出这样的特点?经济基础决定思想文化,政治制度影响文化。

农业社会——重视传承,务实精神

宗法社会——重视道德(内圣)

专制社会——专制主义与民本主义相辅相成(外王)

(6)我们应当如何继承儒家精神?

三、微课思考

学习了本知识点后,其实还有可思考的问题,如:

1. 有人认为,李贽作为王阳明的再传弟子,是接着王阳明继续说。这集中反映了明中后期的生产关系的变化。结合课本知识,谈谈你的看法。

2. 结合课本中"西方人文精神演进"的相关知识,谈谈明末清初三大思想家的主张和西方近代思想的异同,以及造成这些差异的原因。

四大发明对中国及世界的影响

慈溪市慈吉中学　石贞玉

一、选题背景

四大发明无疑是古代中国在世界领先的一个标签,但是在当时的中国,国人并没有把它们转化为社会生产力,产生强大的社会效益。更多的人真正感受到四大发明的魅力应该是在它们传到欧洲后,在推动欧洲乃至世界迈向近代化的进程中发挥着重要的作用。四大发明在中国和欧洲为什么会产生如此不同的影响,这是值得我们去思考和探究的问题。

二、微课实录

教师讲述

在初步了解了四大发明的产生、发展及外传的过程的基础上,进一步探究四大发明对中国和欧洲产生的不同影响及原因。英国学者李约瑟说:"在上古和中古时代,中国科学技术一直保持着一个让西方望尘莫及的发展水平,中国科学发现和发明远远超过同时代的欧洲,已被证明是形成近代世界秩序的基本因素之一。"那么中国的四大发明到底对世界文明进程产生了怎样的影响?

材料呈现

材料一　中国人……造纸的技术随着阿拉伯人传入欧洲。1340年在意大利的法布里亚建立了第一个造纸的作坊……这就为"知识的普及"口号打开道路,标志着我们心目中所谓书籍的开端。

——利普斯《事物的起源》

材料二 火药、指南针、印刷术——这是预告资产阶级社会到来的三大发明。火药把骑士阶层炸得粉碎,指南针打开了世界市场并建立了殖民地,而印刷术则变成了新教的工具,总的来说变成了科学复兴的手段,变成对精神发展创造必要前提的最强大的杠杆。

——马克思

材料三 欧洲文艺复兴初期四种伟大发明的传入流播,对现代世界的形成,曾起重要的作用。造纸术和印刷术,替宗教改革开了先路,并使推广民众教育成为可能。火药的发明,消除了封建制度,创立了国民军制。指南针的发明导致发现美洲,因而使全世界,而不再是欧洲成为历史的舞台。

——卡特《中国印刷术的发明和它的西传》

结合教材和材料分析中国古代科技对世界文明进程的影响。

教师讲述

在阅读材料的过程中,一定要注意抓住材料中的关键词,提取教材和材料中的有效信息,进行概括。综合上述材料中的有效信息,将中国古代科技对世界文明进程的影响概述如下:

1. 造纸术和印刷术为文化的传播创造了条件,推动了文艺复兴、宗教改革和启蒙运动的开展。文艺复兴、宗教改革和启蒙运动都是资产阶级反封建的思想文化和社会解放运动,加速了人们思想上冲破神权、教权和专制制度的桎梏,进而有利于资产阶级文化的兴起。

2. 火药的产生并应用于军事,将人类带入了"热兵器"时代,为资产阶级战胜封建势力提供了条件,推动了资产阶级用暴力革命的形式推翻封建制度,进行资产阶级革命,推动了资产阶级政权在欧洲的建立。

3. 指南针为新航路的开辟提供了条件,打破了世界彼此相互隔绝的状态,推动了欧洲殖民扩张和世界市场的开拓,有利于资本主义经济的发展,人类历史的发展也日渐成为一个不可分割的整体,彼此间的联系越来越紧密。

总之,四大发明促进了欧洲由封建社会向资本主义社会的变革,欧洲的中心地位日渐确立,也推动了近代以资本主义为主导的世界秩序的形成。四大发明传到欧洲,推动了世界文明进程的近代化。

材料呈现

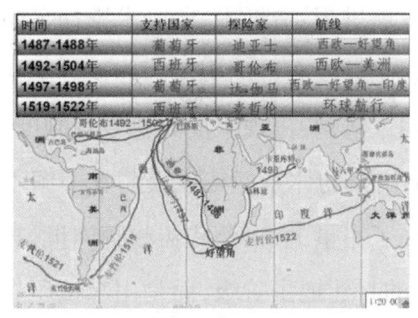
新航路开辟路线

蒙娜丽莎

马丁·路德

英国资产阶级革命形势图

教师讲述

新航路开辟、文艺复兴、宗教改革将世界带向了地理大发现和人被发现的时代,世界越来越成为一个整体,而英国资产阶级革命则开启了近代民主制度的先河,四大发明在欧洲无疑发挥了它本该发挥的作用和价值。在同一时期的欧洲经济、思想、科技、文化、政治制度发生着这样翻天覆地变化的同时,四大发明在中国发挥着怎样的作用?中国正在经历着什么?

材料呈现

鲁迅先生就中国的四大发明与应用有一段精辟的论述:"外国用火药制造子弹御敌,中国却用它做爆竹敬神;外国用罗盘针航海,中国却用它看风水;外国用鸦片医病,中国却拿来当饭吃。"

181

教师讲述

对于鲁迅先生的说法，我们可以保留自己的意见，其仅仅从一个角度说明四大发明在中国并没有发挥太大的作用。纵观中国历史发展进程：造纸术、印刷术推动了中国传统文化的传承和发展，促进了封建文明的进步，但是并没有推动中国的知识分子在思想上、文化上突破儒家思想体系的禁锢，即使到了明末清初，出现了反封建专制制度、反封建礼教的思想家，他们在本质上也还是没有跳出儒家的体系框架。火药在中国不仅仅是用来做了爆竹，在唐末宋初及以后，火药也用在了军事上，火药武器频频问世，甚至还领先于欧洲一些国家，但是火药并没有炸毁我们的封建地主阶级，而是用来镇压农民起义或是不同民族间对政权的争夺，也包括反抗外来侵略。指南针在中国除了看风水，也有应用于航海事业，中国同样有着震惊世界的航海事业，如郑和先后七次下西洋，只是这七次航海之后再无大规模的航海事业上的探险。中国以天朝大国的心态出发航海，并不是为了开拓新的市场或发现新的大陆，而是要宣扬我泱泱大国的国威。我们的航海不计经济效益，故当国家再也负担不起远洋航行的时候，我们的航海事业便停下了前进的脚步。四大发明在中国所发挥的作用我们一方面应该给予肯定，但是另一方面应该有所反思，中国怎么就落后了呢？怎么到近代就被人家打开国门了呢？

材料呈现

"李约瑟难题"：如果我的中国朋友们在智力上和我完全一样，那为什么像伽利略、托里拆利、斯蒂文、牛顿这样的伟大人物都是欧洲人，而不是中国人呢？为什么近代科学和科学革命只产生在欧洲呢？……为什么直到中世纪中国还比欧洲先进，后来却会让欧洲人领先了呢？怎么会产生这样的转变呢？

教师讲述

鲁迅先生的论述、我们的疑问以及"李约瑟难题"的破解，都和中国那个时期的时代环境密不可分，那个时期的欧洲，资本主义发展很快，新兴的资产阶级拿起武器为自己的政治、经济利益奋起斗争。而同一时期的中国，回顾必修教材内容可将时代特征概述如下：

政治：封建君主专制制度走向强化。

经济：封建自然经济仍占主导地位，商品经济发展，出现了资本主义萌芽但发展缓慢。

思想：程朱理学、八股取士束缚了中国思想文化、科技教育的发展。

对外:由对外开放、吸收外来文化到渐趋走向闭关锁国。

总之,那个时期的中国正以一种保守、落后的姿态走向世界,渐渐落后于世界发展潮流。正如四大发明在同一时期的中国和欧洲发挥了截然不同的作用,中国的日渐衰落和欧洲的不断崛起同样具有其必然性。通过对比四大发明在东西方所发挥的不同作用,我们可以明确:科技能否发挥作用与社会环境、时代特征有很大的关系。通过对比分析四大发明在中国和欧洲产生的不同影响,可以得到的启示是:

科学技术能否产生巨大的经济效益和社会效益取决于其所处的社会环境,明清科技滞后是农耕经济与工业文明较量失败的必然原因。

三、微课思考

我们主要是从时代特征的角度来分析四大发明的作用,进而得出科学技术能否发挥作用取决于所处的社会环境的结论。在教学的过程中势必涉及必修三关于该节内容的概述,对于新课教学来说可能并不是很适合,但是作为复习课更贴切。另外在教学过程中,教师的一些结论性的语言可能还需要进一步考量,以保证准确性。

科技起步与国力展示

慈溪市慈吉中学 石贞玉

一、选题背景

自新中国成立到 70 年代初期,中国自力更生,自主创新,克服各种困难,在科技特别是国防科技领域取得了重大的成就,增强了综合国力,提高了国际地位。

二、微课实录

教师讲述

2015 年 10 月 5 日,在瑞典斯德哥尔摩,诺贝尔委员会举办新闻发布会,宣布 2015 年诺贝尔生理学或医学奖得主。中国药学家屠呦呦、爱尔兰科学家威廉·坎贝尔、日本科学家大村智分享该奖项。屠呦呦应该是诺贝尔医学奖中国第一人,但其实在 20 世纪六七十年代也有这样一批科学家,他们与诺贝尔奖擦肩而过。

材料呈现

中国科学家与诺贝尔奖擦肩而过

1965 年,中国终于在世界上第一次用人工方法合成出具有生物活性的蛋白质——结晶牛胰岛素。人工牛胰岛素的合成,标志着人类在认识生命、探索生命奥秘的征途上迈出了重要的一步。面对功绩和荣誉,作为学术带头人的王应睐,想到的是集体和他人,甚至没有在科研报告中署上自己的名字。第二年,瑞典诺贝尔奖评审委员会化学组主席专程来到中国,研究评选有关人工合成牛胰岛素的中国科学家获奖事宜。由于人工合成牛胰岛素是我国众多科学家集体研究的成果,不符合该奖授奖对象最多为三人的规则,因此,中国科学家与诺贝尔奖擦肩而过。

教师讲述

虽与诺贝尔奖遗憾地擦肩而过,但新中国成立之初到 70 年代初,在美苏两国争霸的时代背景下,在国家政策保障、大量科技人员的共同努力下,新中国科技艰难起步并得以发展,取得了令人瞩目的成就,展示了中国国力,提高了国际地位。阅读教材概述这一时期科研起步的表现并完成表格。

时间	重大成就	作用和意义
1958		标志中国开始跨入原子能时代
1964.10		我国由此跨入核国家行列
1966.10		中国从此拥有了导弹和原子弹结合的战略核导弹
1967.6		距第一颗原子弹爆炸仅 37 个月,而同样技术发展速度,美国用了 7 年,苏联用了 4 年
1970.4		重量超过苏美等国的第一颗卫星
1965	在世界上首次人工合成结晶牛胰岛素	
1973		"第二次绿色革命"

解释——"两弹一星"指什么?

材料呈现

"两弹一星"最初是指原子弹、导弹和人造卫星。后来随着氢弹、中子弹等的相继诞生,前一弹逐渐演变为核武器的合称即核弹。两弹:原指原子弹、导弹,后指核弹、导弹。

教师讲述

除这些国防科技成就外,1965 年我国在世界上首次人工合成结晶牛胰岛素;1973 年袁隆平杂交水稻成功,世人称之为"第二次绿色革命"。纵观这一时期中国的科技成就,不难发现这一时期的科技发展是中国科学家自力更生、自主创新的结果,而这些科研成果以国防科技成就最为突出。在那个时代新中国科技成就的取得是中国从"东亚病夫"成长为"东方巨人"的重要标志之一,国防科技成就的取得既是中国综合国力提高的反映,也是中国综合国力的展示。

材料呈现

综合国力:是指一个主权国家生存和发展所拥有的全部实力及国际影响

力的合力。它包括政治、经济、科技、国际影响、文教、外交、资源七个方面的实力。其中,经济和科技已经成为决定性因素。

结合材料和必修教材的内容分析20世纪70年代之前中国重点发展国防科技的原因及所处的社会环境。

材料呈现

材料一 刚刚建立起的新中国就面临着战争的威胁。报纸刊登着两条新闻:"1953年美国曾想利用核武器攻击中国的援朝部队。""1954年,美英等国考虑用核武器进攻中国。"

材料二 1969年,中苏两国军队在珍宝岛发生三次武装冲突。之后苏联领导层反应强烈,勃列日涅夫竟打算"一劳永逸"地消除中国威胁,准备用中程导弹对中国的军事政治目标实施"外科手术打击"。

材料三 要有原子弹,在今天的世界上,我们要不受人家欺负,就不能没有这个东西。

—— 毛泽东《论十大关系》

教师讲述

通过对材料关键词的把握和信息的提取,可将这一时期中国重点发展国防科技的原因简单概括为打破大国的核垄断,保卫国家安全,为中国的经济建设创造一个和平的环境。经济建设的发展需要安定的社会环境,当时的中国科技发展处于怎样的社会环境下呢?我们通过对必修教材知识的回顾可概述如下:

国际政治:美苏争霸,冷战与"热战"交织,国际环境动荡不安;美国等资本主义国家孤立封锁中国,中苏关系破裂;日本、西欧、第三世界国家崛起,多极化趋势开始出现。

国内政治:三大政治制度确立,宪法颁布;"左倾"思想开始影响国家的政治生活,民主法治日渐遭到破坏。

国际经济:第三次科技革命迅速发展,日、西欧迅速崛起。

国内经济:一五计划提前完成,社会主义建设取得了初步成果;三大改造完成,社会主义制度在中国确立;大跃进、人民公社化运动的进行,"左倾"思想影响到经济领域。

在这样大的时代背景之下,中国经济的发展,国力的增强需要发展国防科技,而国防科技现代化程度集中反映了一个国家的科技发展水平和综合国力,影响它的国际地位。

材料呈现

如果 60 年代以来中国没有原子弹、氢弹,没有发射卫星,中国就不叫有重要影响的大国,就没有现在这样的国际地位。这些东西反映一个民族的能力,也是一个民族、一个国家兴旺发达的标志。

—— 邓小平

教师讲述

这一时期中国所取得的科技成就是中国外交实力提升的重要保障。外交实力也是综合国力其中一个方面的表现,外交实力的提升彰显着大国地位的提高。在新中国成立初到 70 年代初,中国在外交上取得了重大成就。

外交:和平共处五项原则的提出,外交政策走向成熟,成为解决国际问题的基本准则;参加日内瓦、万隆会议,彰显大国风采,提高了国际地位;70 年代重返联合国,增强了中国的国际影响力和话语权,在国际事务中发挥着越来越重要的作用;中美、中日关系的改善推动了第三次建交高潮的出现,为中国的发展开创了和平的国际环境。

科技实力、外交实力的提升都是中国综合国力提高的直接反映,要实现中国的强国梦,离不开科技,因为科技是第一生产力。中国的崛起使中国逐渐担当起世界大国的责任。这节课的学习也再次说明科技能否产生经济效益和社会效益取决于当时的社会环境。

三、微课思考

在本知识的教学设计中选择了和古代科技相承接的模式,从中国这一时期取得的科技成就入手,进而分析科技成就取得的原因及其所带来的影响,即中国综合国力的提高。这一时期科技成就的取得本身就是综合国力的彰显,外交成就的取得也是国力提升的体现。在备课的过程中,如何处理这两个点以及二者之间的关系是一个难点,目前感觉处理得并不好,衔接也不到位。

明清小说的人情世界

慈溪市慈吉中学　石贞玉

一、选题背景

文学艺术是时代的产物,同时又能反映时代的风貌。中国古代文学具有很强的时代特征,故在教学中有必要强调文学是怎样彰显社会政治经济特色的。中国古代历史漫长,只能截取其中一个时代(以明清小说为例)作为切入点来探究文学的时代性。

二、微课实录

教师讲述

中国小说的奠基历经先秦、两汉、魏晋南北朝八百多年的积累和沉淀,唐代由于城市的繁荣,出现了适合市民欣赏、情节曲折离奇的短篇小说——传奇。宋代随着城市和商业的发展,市民阶层对文化的需求日益强烈,出现了许多话本,把中国小说的发展推到一个新阶段。明清时期市民阶层的文化心理需求,呼唤出一个中国古典小说的黄金时代。在讲述明清小说的人情世界这一问题前,我们需要明确两个词的含义,即小说、人情。

材料呈现

"百度百科"的解释:

　　小说:以刻画人物形象为中心,通过完整的故事情节和环境描写来反映社会生活的体裁。

人情:指人的感情表现;人的常情、世情;情谊、情面等。见《礼记·礼运》:"何谓人情?喜、怒、哀、惧、爱、恶、欲,七者弗学而能。"

教师讲述

"小说"以"人"为中心,而"人情"的核心亦是要突出个"人"字,人的喜怒哀乐、人的情谊、人与人之间的关系。故明清时期文学作品突出"人情"是时代发展的必然结果,也是一面镜子——折射出明清社会生活的世间百态。

很多学生对于明清小说的认知可能仅停留在对四大名著的认知上,通过阅读教材会发现,明清小说体裁多样,作品丰富,通俗且现实,明清堪称小说的黄金时代。作品无法一一品读,接下来就透过后人对明清小说的评价进一步品小说,忆时事。

材料呈现

通俗文学:"四大奇书"——《三国演义》《水浒传》《西游记》《金瓶梅》。

《三国演义》全书1200多人,毛宗岗认为有突出特长者91人。其中"三绝":曹操——奸绝;关羽——义绝;诸葛亮——智绝。曹操是奸雄的代表,刘备是仁君的代表,诸葛亮是贤相的典型、智慧的化身,而关羽则是义勇双全的勇将的典型……

金圣叹《读第五才子书法》:"别一部书看过一遍即休,独有《水浒传》只是看不厌。无非为他把一百八个人性格都写出来。"金圣叹《水浒传序三》:"叙一百八人,人有其性情,人有其气质,人有其形状,人有其声口。"

从对这两部作品的评价中,不难发现,两部小说都突出对"人"的刻画,刻画了丰满的"人情"世界。

材料呈现

《西游记》中的人物形象是"物性""神性"与"人性"的统一。鲁迅先生对此有中肯的评价:"使神魔皆有人情,精魅亦通世故。"表现出要求个性解放、冲破传统思想束缚而积极进取的精神,如书中有一处大圣道:"他虽年劫修长,也不应久占在此。常言道,皇帝轮流做,明年到我家。只教他搬出去,将天宫让与我,便罢了;若还不让,定要搅攘,永不清平!"(第七回)

《金瓶梅》寄意于世俗:

题材不再是皇祚更替、英雄征战、神魔斗法,而是转向世俗社会,琐碎家事。

人物不再是帝王将相、英雄豪杰、神佛妖魔,而是变为家庭男女、市井百姓。

情节开始关注人情悲欢,世态炎凉,更加贴近现实,直面人生。

教师讲述

透过这两部作品能感受到,明清小说越来越贴近市民阶层的文化心理需求,越来越平民化。

材料呈现

短篇白话小说:"三言"——《警世通言》《喻世明言》《醒世恒言》;"二拍"——《初刻拍案惊奇》《二刻拍案惊奇》

真实、生动地反映了明代社会生活。短篇小说对社会风俗与人情世界的描绘更加精练和精彩。

教师讲述

真实、生动、精练、精彩是短篇小说的特色,更彰显了小说的通俗易读,符合市民阶层的需求。

材料呈现

清代三大批判现实的力作:

《儒林外史》描写了一些深受八股科举制度毒害的儒生形象,反映了当时世俗风气的败坏。

《聊斋志异》借花妖狐媚的故事反映了广阔的现实生活,提出了许多重要的社会问题:或者抨击科举制度的腐朽,或者反抗封建礼教的束缚,或者揭露统治阶级对人民的残酷压迫等。

《红楼梦》是一部具有世界影响力的人情小说作品,是中国封建社会的百科全书。《红楼梦》的作者具有初步的民主主义思想,对现实社会包括宫廷及官场的黑暗、封建的婚姻制度、奴婢制度,孔孟之道和程朱理学、社会道德观念等,都进行了深刻的批判,并提出了朦胧的带有初步民主主义性质的理想和主张。

教师讲述

清代,封建君主专制制度达到了顶峰,社会矛盾日益尖锐,这催生了大量现实主义小说,作者们用文字作武器批判封建制度、封建礼教,用犀利的文笔刻画着当时的"人情"世界。

材料呈现

晚清四大谴责小说:《官场现形记》《孽海花》《二十年目睹之怪现状》《老残游记》。

晚清小说的创作与近代政治生活的关系非常密切,梁启超倡导"小说界革命",把小说改革看作改良社会的前提,掀起了社会批判小说创作的高潮。这四部小说就是在改良主义运动的影响下产生的。

晚清时期,近代社会的落后、衰败、屈辱与机器、工厂、制度、文化等同时呈现在了国人的面前,小说家拿起笔一面谴责落后、腐朽,另一方面在改良主义的影响下,又渴望冲破旧的社会秩序,进行变革。

明清小说家笔下的"人情"世界就是对明清那个时代的真实反映,通过前面对小说的品读和必修教材明清时期相关内容的回忆,可将明清小说产生的时代特征概述如下:

政治:明清君主专制制度空前强化,封建社会渐趋衰落,社会矛盾日益尖锐。

经济:商品经济发展,资本主义萌芽出现,重农抑商政策的强化、海禁等政策阻碍着新的经济因素的发展。

思想:程朱理学的强化,明末清初出现了反封建的进步思想家。

阶级:商品经济的发展,市民阶层进一步壮大。

正是在这样的时代特征下,成就了明清小说的"人情"世界。总之,一定的文学是一定社会政治、经济的反映。文学是时代的产物,同时又能反映时代的风貌。

每一种文体的兴盛都和所处的时代密切相关,诗经、楚辞、汉赋、唐诗、宋词、元曲、明清小说。任何一种文学体裁都是中国文学史上绽放的瑰丽之花,某一个时刻零落成泥碾作尘,孕育出新的文学样式。正如王国维《人间词话》中所述:

材料呈现

四言敝而有《楚辞》,《楚辞》敝而有五言,五言敝而有七言,古诗敝而有律绝,律绝敝而有词……一切文体所以始盛终衰者,皆由于此。

—— 王国维《人间词话》

一代有一代的文学。文学是时代的产物,也是反映历史的镜子。

三、微课思考

透过小说的内容更能品读出那个时代的特征,但碍于时间有限,没有办法去细细品读几本小说。因此截取小说中的部分原文作为学习的史料,而且选择了后人的评价来看明清小说所描述的"人情"世界,体会明清小说所体现的时代特征。这样有一些牵强,或者少了一些直观和客观性。

维新派如何开启民智、宣传维新思想

慈溪市三山高级中学 方寅戎

一、选题背景

近代中国思想解放的潮流既是对当时中国现实问题的思考,也是对西方的挑战,主要就是解决"中国向何处去"这样一个历史课题。选择维新派是如何开启民智启蒙国人这一内容,能让学生感受到先辈们为了中华民族的独立与富强,前赴后继,不怕流血牺牲的大无畏精神和勇气。

二、微课实录

教师讲述

甲午战争宣告了洋务派"中体西用"的失败,那么中国该向何处去?康有为:"不妨以强敌为师!"强敌是谁?日本。师什么?师君主立宪制。梁启超:"变亦变,不变亦变;变而变者,变之权操诸己。……不变而变者,变之权让诸人!"梁启超要变什么?变政治制度。要变政治制度必须要开启明智、启蒙国人!要让国人从"天朝上国"的迷梦中清醒过来,那么当时的"明智"状况如何?

材料呈现

(1895年)盖当购此图(世界地图)时,曾在京师费一二月之久,遍求而不得,后辗转托人,始从上海购来。图至之后,会(强学会)中人视同拱璧,日出求人来观。偶得一人来观,即欣喜无量。

——梁启超《饮冰室主人自说》

教师讲述

（一）梁启超在引导人们认识世界的过程中遇到了哪些困难？

答："遍求而不得""辗转托人""求人来观"等说明人们的反应非常冷漠。

（二）"偶得一人来观,即欣喜无量。"说明了什么？

答：说明梁启超是多么迫切地希望人们认识世界啊！那人们的反应为什么会如此冷漠？

材料呈现

我日本国不幸之邻国,一曰支那,一曰朝鲜。此二国者,不知改进之道,其恋古风之旧俗,千百年无异。在此文明日进之活舞台上,……仅以虚饰为其事,其于实际,则不唯无视真理原则,且极不廉耻,傲然而不自省。

——福泽谕吉（日本"伏尔泰"、思想教父）《文明论概略》

教师讲述

（三）福泽谕吉认为中国不幸的原因在哪里？

答："不知改进""恋古风之旧俗""虚饰""无视真理""极不廉耻,傲然而不自省"。所以,当时的国人没能清醒地认识世界潮流,依然沉醉在天朝上国的梦幻中。当一个民族对进步潮流缺乏足够的敏锐度是多么的不幸！

材料呈现

故言自强于今日,以开民智为第一义。

——梁启超《变法通议》

教师讲述

梁启超等资产阶级维新派（先驱者）通过哪些方式来开民智,宣传维新思想,让国人清醒认识世界潮流并顺应它？

（一）康有为——变法第一人

托古改制：1898出版《孔子改制考》,借孔子宣扬维新变法理论。

提问：1.为了争取更多人的支持,康有为采取了什么策略？

答：两个借用（孔子、进化论）、一个争取（光绪皇帝）。

2.他如何借孔子？ 答：称孔子是托古改制、主张变革的先师。

材料呈现

在《孔子改制考》中,康有为把孔子尊为"托古改制"的教主。把本来偏于保守的孔子打扮成满怀进取精神,主张变革的人。这样康有为用以证明自己的变法主张,不但没有违背孔子的遗教,而且是孔子改革思想的真正继承者。

——陈旭麓《中国近代史》

3. 他为什么要借孔子?

材料呈现

孔子是旧中国的思想中心。抓住了孔子,思想之战就成功了。皇帝是旧中国的政治中心,所以康有为的实际政治工作是从抓住皇帝下手。

——蒋廷黻《中国近代史》

教师讲述

答:(1)为减少变法阻力;(2)民族资本主义经济发展不充分,民族资产阶级力量弱。

4. 康有为变法思想的特点?答:把西方资本主义政治学说和儒家传统思想相结合。(跪着造反)康有为"托古改制"的思想,既为他的改革提供了理论支持,也为后来的失败埋下了伏笔。

(二)梁启超——主要宣传者

材料呈现

求变:"君权日益增,民权日益衰,为中国积弱之根源。"法何以必变?凡在天地之间者,莫不变。……吾今一言以蔽之曰:变法之本,在于人才;人才之本,在开学校;学校之立,在变科举;而一切要其大成,在变官制。

——梁启超《变法通议》

不变:以拯救国家危亡为己任的拳拳爱国心。

陈独秀的感慨:"吾辈今日得稍有世界知识,其源泉乃康、梁二先生之赐。是二先生维新觉世之功。"

教师讲述

在戊戌变法失败后,梁启超继续为开民智、创新民而努力,依然时刻关注国家命运、民族前途,继续为近代中国顺应世界潮流而探索。他在1910年写了《少年中国说》:"少年智则国智,少年富则国富……"

(三)谭嗣同——激进派

材料呈现

  谭嗣同:"……不有死者,无以召后起。"(维新变法失败后)日本使馆派人表示可以为他提供保护,他毅然回绝说:"各国变法无不从流血而成,今日中国未闻有因变法而流血者,此国之所以不昌也。有之,请自嗣同始。"在狱中,他意态从容,镇静自若,写下:"……我自横刀向天笑,去留肝胆两昆仑。"

——"爱国主义教育丛书"《谭嗣同》

教师讲述

  谭嗣同为什么要"求死"?为召后起,为国家之昌盛,正是这样的信念,让谭嗣同从容面对死亡!凭着这种信念,他可以在生死线的边缘吟诗作赋,可以用自己的一点温暖去化开别人心头的积雪,继而,可以用屈辱之身去点燃文明的火种。英雄归去,留在世间的是浓浓的浩然正气!

(四)严复 —— 中国第一启蒙思想家

  翻译《天演论》。宣扬:①"物竞天择,适者生存";②"世道必进,后胜于今"。严复把它翻译到中国来,用意何在? —— 在民族危机下,激起国人"救亡图存"的强烈意识。

材料呈现

  一批一批的中国人接受了进化论;一批一批的传统士人在洗了脑子之后转化为或多或少具有近代意识的知识分子。就其历史意义而言,这种场面,要比千军万马的厮杀更加惊心动魄。

——陈旭麓《近代中国社会的新陈代谢》

教师讲述

  谭嗣同的"求死",梁启超在困境中为开启民智,启蒙国人而不懈努力,魏源等人明知犯众人之忌讳依然发出"师夷长技以制夷"的呐喊,对这些先驱者来说,个人的遭遇乃至个人的生命,都可以视为鸿毛,但对国家、对民族、对社会的责任感,则重于泰山!他们用自己燃烧的心当火把,照亮了人们前行的路!

三、微课思考

  通过学习,希望学生能感受到先辈们为了中华民族的独立与富强前赴后继、不怕流血牺牲的大无畏精神和勇气。同时也认识到改革的复杂性和艰巨性,培养追求真理,克服困难的人生观和价值观。因为篇幅有限,不能点出维新派的思想带来的作用,留下了一点小遗憾。

前期新文化运动的内容

慈溪市三山高级中学 方寅戎

一、选题背景

新文化运动既是旧民主主义革命的补课,又是新民主主义革命的序曲。运动中民主与科学旗帜的树立,刷新了国民的观念,形成了一次规模空前的思想解放运动。我选择讲解前期新文化运动的内容,是要让学生明白中国要富强必须提倡民主和科学,以此来对学生进行历史观的教育。另外对民主和科学的追求,也是个人健全人格,形成正确道德观、人生观和价值观的主要体现,以此培养学生的科学精神与人文素养。

二、微课实录

教师讲述

鸦片战争后,自强不息的中国人就开始不断地进行抗争与探索。地主阶级抵抗派发出"师夷长技以制夷"的呐喊,"中体西用"的洋务运动在甲午海战的打击下破产;资产阶级维新派发起的维新变法运动,以戊戌六君子喋血的悲剧而告终;资产阶级革命派掀起的辛亥革命,推翻了封建君主专制制度,建立了中华民国,但革命果实却被袁世凯窃取……中国富强的前途何在?当时的知识精英普遍认为改造社会、振兴民族国家的当务之急是唤醒民众,通过思想文化革命重铸国魂!于是在思想文化领域掀起了一场新文化运动,运动分为前后两期,前期的主要内容是什么呢?

内容一,提倡民主和科学,反对专制和愚昧

材料呈现

　　西洋人因为拥护德、赛两先生……才渐渐从黑暗中把他们救出来,引到光明世界(法国资产阶级革命)。我们现在认定,只有这两位先生可以救治中国政治上、道德上、学术上、思想上一切的黑暗。

——陈独秀

教师讲述

德、赛两先生是指什么?什么是民主?什么是科学?德先生——Democracy——民主:西方民主制度和民主精神。赛先生——Science——科学:自然科学知识和科学精神。

民主和科学是新文化运动的内容,前期的指导思想。为什么要高举民主科学的大旗,反对专制?反对愚昧?

镜头一:辛亥革命后某百姓门前的春联——"皇恩雨露深,帝德乾坤大"——说明辛亥革命后,封建专制思想仍旧根深蒂固。

镜头二:鲁迅的小说《药》描述的人血馒头——说明辛亥革命后国民依然愚昧和迷信。

20世纪中国社会存在两大问题:一是制度落后,即君主专制制度,阻碍社会进步、钳制思想、造成中国落伍等。而君主的对立面是民主,所以要"民主"。实行民主才能实现社会解放、思想解放,社会进步。二是科学不发达,迷信思想盛行。历代封建统治者宣扬君权神授,人要顺从天意,就要服从皇帝,给广大人民带上了封建的精神枷锁。唯有科学才能扫除迷信,而唯有摆脱迷信,才能追求民主。因此要提倡民主必须反对专制,提倡科学必须反对愚昧。

因此,民主和科学的口号切中时弊,深入人心,很快就被广大人民群众所接受,成为继民主共和以后,另一深入人心的主流思潮。

内容二,提倡新道德,反对旧道德

教师讲述

20年代初的《新青年》杂志刊登了一篇题目为《一个贞烈的女孩子》的文章。(大意:一个14岁的望门寡阿毛为了贞节,绝食而死)

材料呈现

　　孔子生长封建时代,所提倡之道德,封建时代之道德也;所垂示之礼教,即生活状态,封建时代之礼教,封建时代之生活状态也;所主张之政治,封建时代之政治也。

——陈独秀《孔子之道与现代生活》

教师讲述

什么原因造成阿毛如此悲惨的命运？答：封建旧道德。如何拯救阿毛，拯救民族？答：提倡新道德，反对旧道德。什么是旧道德？答：以孔子为代表的儒家传统道德（三纲五常为核心）。什么是新道德？答：指资产阶级道德，指男女平等、个性解放等。新文化运动把矛头指向以孔子为代表的儒家传统道德的原因是什么呢？

材料呈现

……这腐旧思想布满国中，所以我们要诚心巩固共和国体，非将这班反共和国的伦理、文学等旧思想，完全洗刷干干净净不可。否则不但共和不能进行，就是这块共和国招牌，也是挂不住的……愚之信仰共和，必排孔教。

——陈独秀

孔子是"历代专制之护符"。

——李大钊

教师讲述

①根本原因：儒家思想是维护封建专制统治的理论基础。②直接原因：袁推行尊孔复古逆流。尊孔，实际上就是维系旧道德。因此，要在思想领域反封建，就必须把斗争矛头指向孔教。新文化运动高举民主科学大旗，猛烈批判中国传统儒家思想，体现了中西文化的激烈碰撞。

内容三，提倡新文学，反对旧文学

教师讲述

新文化运动不仅是一场思想革命，还是一场文学革命。那么为什么还要进行文学革命呢？

材料呈现

古文：惟幽兰之芳草，禀天地之纯精，抱青茎之奇色，挺龙虎之嘉名。不起林而独秀，必固本而丛生。尔乃丰茸十步，绵连九畹。茎受露而将低，香从风而自远。

——杨炯《幽兰赋》

白话文：我从山中来，带着兰花草。种在小园中，希望花开早。一日看三回，看得花时过。兰草却依然，苞也无一个。转眼秋天到，移兰入暖房。朝朝频顾惜,夜夜不相忘。期待春花开,能将凤愿偿。满庭花簇簇,添得许多香。

教师讲述

这两段材料,哪一个读起来更顺口,更通俗易懂?两段材料在语言文字方面有哪些区别?新文化运动要宣传新思想、新文化,用哪一种语言更容易普及大众?

新文化、新思想需要通俗易懂的文字,才能普及大众,而文言文比较难懂,因此要进行文学革命。

材料呈现

为什么改革思想,一定要牵涉到文学上?这因为文学是传导思想的工具。

——《中国新文学大系·总序》

教师讲述

文学革命需要从哪些方面来进行呢?

从形式到内容的革命:

1. 文学形式革命。胡适《文学改良刍议》:用白话文取代文言文。

2. 文学内容革命。陈独秀《文学革命论》:以新鲜、平易、明了的新文学代替陈腐、雕琢、迂晦的旧文学。

资产阶级知识分子推动平民教育希望可以唤醒更多的民众,使众多受到教育的平民能以大众的力量来托起民国。

三、微课思考

本课引导学生对材料进行分析探究,最后得出结论,做到了论从史出,史论结合,也采取了深入浅出、生动形象的讲解进行教学,从而使学生明白新文化运动是中国近代史上的又一次思想解放运动。它是继维新变法、辛亥革命之后,在思想领域中反封建斗争的继续,是中国资产阶级旨在传播以民主和科学为核心价值观的思想启蒙运动。

用史料来解读三民主义以及
新旧三民主义的比较

慈溪市三山高级中学　方寅戎

一、选题背景

三民主义是孙中山提出的"振兴中华"的理论蓝图,在三民主义理论指导下,中国实现了20世纪第一次历史性巨变。新三民主义较之旧三民主义有了质的飞跃和巨大进步。作为近代中国民族民主革命的先驱,孙中山与时俱进、顺应历史潮流的精神永远值得我们尊崇和学习。因此我选择了这个题目,而且我认为解读原始材料将会更有助于学生对史实的理解,以此来培养学生分析史料、探究问题的能力。

二、微课实录

教师设问

三民主义指什么？答:指民族、民权、民生三大主义。

根据史料来探究孙中山提出三民主义的原因。

材料呈现

材料一　今昔中国以千年专制之毒而不解,异族残之,外邦逼之,民族主义,民权主义,殆不可须臾缓。

——孙中山《民报·发刊词》

材料二　似乎欧美各国应该家给人足,乐享幸福,……然而试看各国的现象……富者极少,贫者极多……所以倡民生主义,就是因贫富不均。

——孙中山《三民主义与中国前途》

教师讲述

"异族残之,外邦逼之",必须进行民族革命,因而提出民族主义;因"千年专制之毒而不解",必须进行政治革命,因而提出民权主义;为防止革命后可能出现"贫富不均"的现象,孙中山认为还要进行社会革命,因而提出民生主义。下面来看材料分别反映了三民主义的哪一项内容?

材料呈现

材料一 驱除鞑虏,今年之满洲,本塞外东胡……满政府穷凶极恶,今已贯盈。义师所指,覆彼政府,还我主权……驱除鞑虏后,光复我民族的国家。

材料二 创立民国,今者由平民革命以建国民政府,凡为国民皆平等以有参政权。大总统由国民共举。议会以国民公举之议员构成之,制定中华民国宪法,从共守。敢有帝制自为者,天下共击之。

材料三 平均地权,文明之福祉,国民平等以享之。当改良社会经济组织,核定天下地价。其现有之地价,仍属原主所有;其革命后社会改良进步之增价,则归于国家,为国民所共享。肇造社会的国家,俾家给人足,四海之内无一夫不获其所。敢有垄断以制国民之生命者,以众弃之!

——《同盟会宣言》

教师讲述

材料一、二、三反映的是民族主义、民权主义、民生主义。

材料一,矛头指向谁?"义师所指"的政府指满清政府。"驱除鞑虏"后干什么呢?"光复我民族的国家","鞑虏"是对满清的一种蔑称,"我民族"是指汉族,所以孙中山的民族主义是狭隘的民族主义,保留了大汉族主义情绪,把满族排挤到了中国之外。在当时的中国要想达到民族独立,除了驱除鞑虏外,还必须反对帝国主义,而这段材料里,仅仅停留在推翻满清政府统治,没有明确提出反对帝国主义,这就是民族主义的局限性。

孙中山认为民族革命只能推翻清政府,却不能铲除恶劣政治的根本——君主专制政体,因此提出了"民权主义"。

材料二,资产阶级要建立的"国民政府"是怎样的呢?国民有参政权,大总统由国民共举,议会由国民共举的议员构成,制定中华民国宪法。此目标实现了吗?辛亥革命推翻了清王朝,结束了中国的君主专制政体,建立了中华民国,颁布了临时约法,所以这些目标基本实现了。

材料三,概括为12个字"核定地价,涨价归公,国民共享"。孙中山实行民生主义要达到什么目的?"俾家给人足,四海之内无一夫不获其所,敢有垄断以制国民之生命者,以众弃之"从而达到贫富差距不过分拉大的局面,但是"平均地权"="平分土地"?革命后土地在谁手里?地主手里。农民的要求是否得到了满足?没有。说明了资产阶级不敢提出没收地主土地归农民所有,所以也就不可能从根本上触动封建土地私有制,这反映了资产阶级的局限性,这只是一个资产阶级的土地革命纲领,但孙中山毕竟已经开始关注土地,反映了孙中山维护广大人民利益的美好愿望。

根据时代发展的需要,孙中山将三民主义发展为新三民主义,新旧相比,"新"在何处?

材料呈现

(一)国民党之民族主义,有两方面之意义:一则中国民族自求解放;二则中国境内各民族一律平等。……

(二)国民党之民权主义,则为一般平民所共有,非少数人所得而私也。……凡真正反对帝国主义和封建军阀之个人及团体,均得享有一切自由及权利,……

(三)国民党之民生主义,其最要之原则不外二者:一曰平均地权,二曰节制资本……使私有资本制度不能操纵国民生计,此则节制资本之要旨也。……农民之缺乏田地沦为佃户者,国家当给土地,资其耕作,并为之整顿水利,以均地力……工人之失业者,国家当为之谋救济之道,尤当为之制定劳工法,以改良工人的生活。

——《中国国民党一大宣言》

(四)新三民主义或真三民主义,是联俄、联共、扶助农工三大政策的三民主义,没有三大政策,或三大政策缺一,在新时期中,就都是伪三民主义,或半三民主义。

——毛泽东

教师讲述

材料(一),新民族主义一是"新"在明确反帝,二是"新"在主张各民族一律平等,包含了满族人,弥补了旧民族主义的局限性。

材料(二),民权主义,原来只有资产阶级可以享有民权,现在只要反帝反军阀都可以享有民权,说明享有民权的范围扩大了,强调了民权的普遍性。

材料(三),民生主义"新"在何处？多了一个节制资本,使私有资本制度不能操纵国民生计;二是更加关注农民,"给予土地,资其耕作";三关注工人,失业者领取国家救济,制定劳工法,来改良工人的生活,以此来防止贫富差距过大。

新三民主义和旧三民主义相比,除了内容"新",还"新"在思想,是贯彻了"联俄、联共、扶助农工"三大政策的三民主义,三大政策是新三民主义的核心。

三、微课思考

孙中山对三民主义做出了适应时代的新解释,形成了新三民主义,实现了他一生最伟大的转变,推动了国民革命运动的兴起和发展,为中国民主革命做出了巨大贡献。通过史料阐释,引导学生领悟历史理论,感受伟人与时俱进的精神,培养学生的历史归纳能力。但能否真正让学生明白其中含义,仍需要看学生对材料的理解程度。

苏格拉底的智慧

宁波市北仑中学　胡海丰

一、选题背景

苏格拉底思想是高二历史（人教版必修3）的最精彩之处，也是最难讲解的知识点之一。因为这是人类最朴实的智慧，也是最伟大的智慧。现代人被现代哲学史家的说辞所囿，认为哲学难懂，所以，少有人敢去读柏拉图、色诺芬的原著，反而，从二手贩那里摘抄语录，但这些语录却把人物思想及其智慧割裂得支离破碎。如何帮助老师和学生理解教材所述苏格拉底略显凌乱的思想的内在逻辑，找出其核心，这是本微课设计尝试解决的问题。

二、微课实录

导入新课

苏格拉底之死

教师讲述

这幅画叫《苏格拉底之死》。苏格拉底在一个月前被判处死刑,在这一个月里他天天同他的弟子谈论灵魂和来世的问题,这一天是他受刑的日子,就在行刑的前一天他的弟子们还极力地想说服苏格拉底越狱逃亡。苏格拉底说:绝不,我要顺服城邦的律法。他拒绝了弟子的请求,在这一天从容地面对了死亡。大家来看——他的神情安详而高亢,丝毫也没有因为即将要面临死亡而表现出哀伤和怯懦。他以极为淡定的姿态迎接即将到来的死亡,他的神情感动了当时的狱卒。在柏拉图的《斐多》中记载,狱卒把毒杯交给苏格拉底的时候,说:"您是我见过最正义、最智慧、最崇高的人。因为别的人,当我把毒杯交给他们的时候,他们都咒诅我,骂我是刽子手,惟有您把我当成一个人来看待。"所以,当他把毒杯交给苏格拉底的时候流下了泪水。大家来看这幅画上他转过了头去,哭了起来。他的弟子也号啕大哭。这里我们要请大家思考的问题是:是怎么样的一种信念支撑着苏格拉底从容面对死亡?

是他对真理和自由的追求。大家来看一看我们书本的第二目——"苏格拉底的智慧"——从中来找找有关苏格拉底的几句名言。通过这些话,我们或许能感悟苏格拉底思想的真谛。

学生(虚拟):"认识你自己!""未受考察的生活是不值得过的!""美德即知识!""我唯一知道的就是我一无所知!"……

(在投影上显示这四句名言)

教师设问

这四句哲语的原始文献出处何在?其内在逻辑为何?苏格拉底的思想核心到底是什么?这思想与他的死有何关联?

材料呈现

  材料一 又一次海勒丰(苏格拉底的朋友)去德尔菲求问……他问神,有人智于我(苏格拉底)者否?答曰:无也……我听了神的话,胸中疑惑:"神的话究竟何所指……我自信毫无智慧,他说我最有智慧,究竟何所云?按其本性,神绝不会说谎。"神的话何所云,好久我的疑团不能解。后来用很大气力去探讨它的真意。

——柏拉图著,严群译《苏格拉底的申辩》

教师讲述

据剑桥大学教授巴克介绍,苏格拉底早年主要关注世界起源的自然哲学问题,但在后半生,苏格拉底被一个神秘的声音所引导,如材料一所言,神居然说,全雅典之中,他是最有智慧的,而苏格拉底深信自己一无所知,为了解决这个困惑,他开始考察神的话是否为真。这个探寻之旅其实就是"认识苏格拉底自己"的过程。于是,苏格拉底真诚地去找政治家、诗人、工匠等不同职业的人,他们都说,自己在自己所从事的这一行里懂很多知识,他坚持不断地向他们发问,最后,他发现,这些人有个共同特点,就是明明自己不知道,却自以为知道。为此,苏格拉底冒犯了很多雅典有权势的人。不过,苏格拉底终于豁然开朗:神说他最有智慧,是因为唯有他知道自己一无所知。在苏格拉底看来,人是有限的,但人可以尽可能用自己的理性思考去认识自己,完善自己的灵魂。为了让同胞们明白这一点,苏格拉底就把"认识你自己"这句神谕作为自己哲学探索的指南,以此来拷问雅典人的灵魂。

材料呈现

材料二 用粗鄙的可笑的话说,像牛虻粘在马身上,良种马因肥大而懒惰迟钝,需要牛虻刺激;我想神把我绊在此邦,也是同此用意,到处追随你们,整天不停对你们个个唤醒、劝告、责备……你们听我省察自己和别人,是于人有益的事;未经省察的人生没有价值,这些话你们更不会相信。

——柏拉图著,严群译《苏格拉底的申辩》

教师讲述

是的,苏格拉底就是这样努力迫使自己和他的同胞们破除流俗的意见,用理性和真知去认识自己和城邦。因此,可以说,他第一次在哲学意义上发现了自我。但另一面,他跟智者不一样,智者把知识和理性作为牟利的工具,而苏格拉底有自己令人起敬的坚持。

苏格拉底的故事

材料呈现

材料三 正义和其他一切德行都是智慧。因为正义的事和一切道德的行为都是美而好的；凡认识这些事物的人绝不会愿意选择别的事情；凡不认识这些事的人也绝不可能把它们付诸实践，即使他们试着去做，也是要失败的。所以，智慧的人总是做美而好的事情，愚昧的人则不可能做美而好的事，即使他们试着去做，也是要失败的。

——色诺芬《回忆苏格拉底》

教师讲述

可见，他坚持美德必须建立在知识的基础上，而知识必然指向美德，美德即知识。人既有理性，又有德性，知德合一。这就是苏格拉底对人的价值的深广认识，是人文精神的精彩体现。也可以说，这是苏格拉底自以为无知地求知和不断认识自己的一个结果。这就是苏格拉底思想的真正核心。

教师讲述

如前文所提到的，正是苏格拉底的这种理性追问的方式激怒了当时的权势人物和雅典群众，最后，苏格拉底这位智慧的哲人竟然被他所热爱的雅典城邦所毒杀。他本有屈服求生的机会，也可以逃跑，但是，他没有这么做，他用自己的生命实践了自己的道德哲学——美德即知识。真知一定带来行动，他要追求真理与自由，也要遵行法律。他的死本身就证明了拥有理性和德行的人的高贵和尊严，这种人文精神也激励着后来的欧洲启蒙哲人，我想也一定会激励到今天的我们。

> **练习题** 苏格拉底的智慧与智者思想的区别何在？

三、微课思考

本微课设计的出发点是让学生亲近人类古典时代的高贵灵魂，揭示苏格拉底的核心思想是"美德即知识"。在当今理性化、工具化的时代里，探索苏格拉底思想中"知识和道德的张力"这一内涵，学习苏格拉底的智慧，重点不在理解多少，而在于我们用心聆听了多少，感悟了多少。

文艺复兴为什么首先发生在意大利

宁波市北仑中学　胡海丰

一、选题背景

《浙江省普通高中历史学科教学指导意见》把文艺复兴的历史背景作为发展要求，把理解文艺复兴时期的人文主义作为基本要求，这体现了编者把后者作为重点来处理，而把前者作为难点来处理。可是，如果不理解文艺复兴发生的历史背景，如何让学生有效理解文艺复兴的具体表现及其思想内涵呢？因此，突破文艺复兴发生的历史背景这个难点势必成为落实本课的必要前提，对这个知识点进行精良的微课设计是值得尝试的。

二、微课实录

导入新课

但丁和贝特丽丝

教师讲述

每个人都有自己心目中的"女神",700年前的文艺复兴三杰但丁、彼特拉克、薄伽丘也有自己心仪的"女神","女神"往往自然美、形体美、心灵美,这正体现了文艺复兴时期人性从神权的压抑下觉醒开始追求现世的幸福。这种情愫的背后若隐若现地蕴含了一种伟大的时代精神——"人文主义"。其实,除了有自己的女神这一共性之外,这三位还有一个有趣的共通点:都是意大利人,都来自佛罗伦萨。那么,我们要追问的是,为什么意大利佛罗伦萨等地首先会诞生这样的文化巨人,发生开启近代文明的文艺复兴运动呢?

各位可曾知道这三位渴慕"女神"的文学家所生长的意大利曾是一个充满血肉丰满"女神"的国度?但是在他们之前的几百年的时间里女神"失色"了。

断臂维纳斯　　　　阿尔巴津圣母像

材料呈现

材料一　在罗马帝国灭亡之后,西欧曾经一度陷入"黑暗时期",辉煌的古典文明遭到日耳曼人沉重的打击,而新的文明尚未产生。基督教在一个人们普遍绝望的时代里建立了神权统治。

——人民版高中历史必修三教材 P104

教师讲述

是的,在中世纪独特的历史环境中,天主教会逐渐在欧洲,特别是意大利,确立起了神权统治,宗教往往要求人们盼望来生,在今生今世过一种相对禁欲的生活。人类对女性美的天然情愫就这样被不知不觉地掩埋了。那么,是什么现实原因逐渐激活了人们的这种情愫呢?为什么首先是意大利呢?

材料呈现

　　材料二　意大利就地理位置来说,它是位于东西方之间的天然门户……大规模贸易在11世纪重振之时,意大利商人们迅即掌握了各种商业技巧。在13、14世纪,贸易致富的城市扩展为强大的城市国家,支配乡村的政治、经济生活……城市的迅速成长导致新的社会阶层出现,引发了社会内部的分化……佛罗伦萨是个最显著的例子……该城分化成四个集团,第一集团是传统贵族,第二集团是被称为"胖人"的资本家和银行家,第三集团是小商人,最后下层小人……

——唐纳德·卡根等著《西方的遗产》(上)

教师讲述

　　从这一史料中,你能获得哪些历史信息？ 11世纪以后,随着西欧经济的复苏和发展,城市经济得到发展,特别是在意大利的佛罗伦萨最早出现了资本主义萌芽,市民阶层(新兴资产阶级)的腰包鼓起来了,追求世俗乐趣的心思蠢蠢欲动。然而,当时,天主教的禁欲主义却在他们头上如同紧箍咒一样束缚着他们,新思潮呼之欲出,只欠东风。

材料呈现

　　材料三　从1347至1353年,席卷整个欧罗巴的被称之为"黑死病"的鼠疫大瘟疫,夺走了2500万欧洲人的性命,占当时欧洲总人口的1/3！……以国家而论,在这次大瘟疫中,意大利和法国受灾最为严重;在城市中,受灾最为惨重的城市是薄伽丘的故乡佛罗伦萨:80%的人得黑死病死掉。……大瘟疫引起了大饥荒,盗贼四起;天主教的威信受到极度沉重的打击……

——摘自"百度百科"

教师讲述

　　在巨大的灾难中,天主教的说教显得苍白无力,活在当下,享受现世的幸福成为意大利人,特别是佛罗伦萨人的当务之急。而彼特拉克们爱慕心中的"女神"不就是"活在当下"的最好写照吗？虚伪的禁欲主义一边去吧！

　　于是乎,隐身已久的体现人性美的"女神"又悄悄回来了。由于资本主义萌芽刚产生,资产阶级力量还比较

拉斐尔《椅中圣母》

弱小,他们还没有成熟的文化体系来取代天主教文化,于是借助古希腊罗马文化的形式来表达自己的人文主义主张,这场运动被称为文艺复兴。然而,它绝不是一场简单的复古运动,它实际上是资产阶级领导的反封建神学的新文化运动,是智者运动以来的西方第二次思想解放运动,复兴了被禁欲主义所泯灭的人性。

除了上述的经济、社会、思想等因素外,大家觉得还有什么原因使得这场运动首先发生在意大利呢?是的,意大利作为古代希腊罗马文明的故乡,自然保存了更多的古典文化,这也是文艺复兴首先出现在意大利,特别是佛罗伦萨的重要传统文化要素。当然,还跟当时的国际形势有一定关系,1453年前后,拜占庭帝国灭亡,大量希腊学者逃亡到意大利,带来大量古希腊文献,这也是一个重要的文化因素。那么,意大利文艺复兴的出现跟我们中国有关系吗?

材料呈现

材料四 (13、14世纪)中国印刷术由波斯传到西方……这为欧洲走出黑暗的中世纪以及文艺复兴的出现准备了条件。

——人民版高中历史必修三教材 P29—30

教师总结

开头讲到三位文豪在生活中追求自己的"女神",在著作中歌颂女性讴歌爱情,这折射出他们那个时代对人性和现世的幸福的渴求,这个文化现象首先在意大利出现并不是偶然的,而是有着深刻的政治、经济、文化、社会、外部等历史因素。正所谓历史塑造了人,人书写了历史。

练习题 "文艺复兴"是一场复古运动吗?

三、微课思考

本微课设计以网络名词"女神"导入,引起学生兴趣,产生同理心,拉近现代高中学生与文艺复兴巨人的距离,这本身就是一种符合人性的设计。再追问文艺复兴产生于意大利的原因,并以"女神"这个词为线索,串联人文主义精神复兴的前世今生,落实对历史背景的分析。期待学生养成把历史事件和人物放在特定历史条件下去考察的习惯,培养学生的历史意识和同情理解的人文意识。

从独身禁欲的"神甫"到可以结婚的"牧师"
—— 从马丁·路德的"因信称义"思想说开去

宁波市北仑中学　胡海丰

一、选题背景

必修三思想史部分内容偏难偏深,对于老师和学生来说,无疑是一个巨大的挑战。"宗教改革"就是其中的一个典型例子。马丁·路德宗教改革涉及的宗教问题理论性较强,离老师和学生的生活经验也比较遥远。如何让听众从一开始就对这个课题保持兴趣并听下去、听明白,是我们设计本节微课的一个出发点。这次微课设计以路德的爱情故事导入,并探寻作为修士的路德走入婚姻殿堂的深层神学原因,从而引出"因信称义"的核心主张,并回到《圣经》、路德著作等原始文本和路德的人生经历加以讲解,帮助听众理解路德的主要思想,感悟其人文魅力。

二、微课实录

导入新课

宁波老外滩天主堂　　　　　　宁波基督教百年堂

教师讲述

左侧是宁波老外滩天主堂,右侧是宁波基督教百年堂,住在天主堂里的神职人员叫神甫,住在基督教百年堂里的叫牧师。神甫不可以结婚,而牧师可以有家室。那么,为什么会有这样的不同呢?这大概得从近500年前宗教改革时期马丁·路德的爱情故事讲起。

话说1523年,几个修女悄悄逃离了西多会修道院,来到维登堡投奔马丁·路德。路德为其他人都找到了安顿之所,只有凯瑟琳·冯·波拉这位有着贵族血统的漂亮女子尚无着落。她拒绝了路德为她能做的所有安排,包括一些可能的追求者,她说自己想嫁给路德。要知道当时虽然已是宗教改革的第八个年头,但是,作为原天主教会的修女居然想光明正大地同前修士结婚,这实在令人震惊。各位同学,你们说,路德会答应吗?

学生(虚拟):当然同意。

路德为什么会同意?

材料呈现

> 材料一　我要通过实践确认我所教导的,因为我发现很多人尽管有福音大光的照耀,却仍然胆怯。这是上帝的旨意,他也成就了这个旨意,因为我没有堕入爱河,也没有欲火攻心。但是我的确爱我的妻子。
>
> ——基特尔森《改教家路德》

教师讲述

按路德的说法,结婚是为了实践教义。换句话说,路德结婚这个行为乃是建立在他一贯的思想基础上的。当时天主教认为:人有罪,所以必须拯救自己的灵魂,人要悔罪,并且行善功才能得救。这样看来,天主教神甫禁欲也有其理论基础,即人可以通过守独身这种善功来讨上帝的喜悦,从而确保得救。

学生(虚拟):哦,原来,结不结婚跟人怎么得救的宗教信念息息相关啊。

是的,1517年马丁·路德在维登堡教堂门口贴出《九十五条论纲》,他发动挑战教皇权威的宗教改革正是基于自己正逐渐形成的关于如何得救的信念。

材料呈现

材料二

32条 凡以为有赎罪券,就确信自己得救的,将和他们的师傅一同永远被定罪。

36条 每一个真心悔改的基督徒,即令没有赎罪券,也完全可以脱离惩罚和罪。

37条 任何真正的基督徒,无论是活着或死了,都可以分享基督与教会的一切好处;这是上帝所赐的,即令没有赎罪券。

61条 反之,就罪而论,我们认为教宗的赎罪券连最轻的小罪也不能除去。

94条 基督徒当听劝告,要努力跟随他们的元首基督,经过惩罚、死亡和地狱。

——马丁·路德《九十五条论纲——改革运动初期文献六篇》

教师讲述

从材料可以看出,路德认为买赎罪券等善功并不能除去罪恶、获得拯救,只有通过真心悔改、信耶稣、跟随耶稣,才能得救。这就是路德的核心思想主张——"因信称义"。那么,路德是如何获得这一信念,并认为是经得起考验的呢?

材料呈现

材料三 1513年路德博士开始对学生授课,因为良心深深挣扎于神的律法,也因为勤奋研究圣经,使路德有许多洞见……将近三年,他解释了诗篇。1515和1516年他教授了罗马书,然后是一年的加拉太书。1517年和1518年当争议在他周围爆发时,他正教授希伯来书。他后来又回头讲诗篇有三年之久。

——《马丁·路德——上帝子民的牧者》

材料四　但如今，上帝的义在律法以外已经显明出来，有律法和先知为证。就是上帝的义，因信耶稣基督加给一切相信的人，并没有分别。因为世人都犯了罪，亏缺了上帝的荣耀，如今却蒙上帝的恩典，因基督耶稣的救赎，就白白地称义……既是这样，哪里有可夸的呢？没有可夸的了。用何法没有的呢？用立功之法吗？不是，乃用信主之法。

——《圣经·罗马书·3章》

教师讲述

史料告诉我们，路德的"因信称义"思想主张的提出乃是因为他多年勤奋研读《圣经》，终于得悟《圣经》所讲的得救之道，即并不是像天主教会所说的那样靠行善功、买赎罪券、守独身等清规戒律，而是单单信靠耶稣基督的救赎。也就是说，路德的"因信称义"主张是建立在《圣经》权威之上的。这样，路德对《圣经》真理"因信称义"的突破性认识摧毁了罗马天主教"靠善功和圣礼得救""神甫守独身更圣洁"等理论基础。既然每个罪人都是"因信称义"，没有谁比谁强，每个人在《圣经》和上帝面前都平等，每个人的良心都是自由的，这样，教皇和教士就成了在得救问题上无用的废人，教皇的权威轰然倒地。那么，顺此逻辑，很自然，赎罪券应该废除，圣礼应当精简，教皇不是基督在地上的代表，教皇只有在教导《圣经》真理并活出基督式的生活时才能被尊敬，教权和政权不应该互相干涉，德意志教会应当独立自治。还有，当然，神甫可以结婚，因为禁欲无助于得救。

波拉女士

马丁·路德

1525年6月13日，路德公开迎娶了波拉女士。两人培养了真正的感情，他们生了六个孩子。

材料呈现

  材料五　路德称他结婚是为了给老汉斯生孙子,给那些彷徨的人一个榜样。

——基特尔森《改教家路德》

教师总结

通过路德和波拉的爱情故事,我们总算解答了本课开头的问题。从神甫禁欲到牧师结婚,这一变化实际上折射着"因行称义"到"因信称义"的重大思想变迁。它把普通西欧人从教皇专制神权统治下解放了出来,人们享受到了思想自由和人性解放带来的幸福和快乐。而这不正是人文主义的主要诉求吗?

> **练习题**　马丁·路德的宗教改革思想如何体现人文主义?

三、微课思考

新课程改革要求以生为本,提倡学生自主学习,但是,笔者在本微课设计中采用了以讲述和文本解读为主的教学方法,这主要是因为本课的难度实在太大。通过讲婚姻故事的方式切入路德"因信称义"的思想主题,借历史人物的"人事",讲历史人物的"思想",这样,思想史的教学就有了生气,同时,路德从婚姻中所享受的天伦幸福,更是印证了宗教改革传播着人文主义这一隐性主题,显得比较自然。那么,本课中学生的主体地位体现在哪里呢?针对高中学生,应该还是体现在思维逻辑的发展上,而不是流于表面的"活动"形式上。

如何认识牛顿的经典力学在近代自然科学理论发展中所处的历史地位

奉化中学　宋佩娟

一、选题背景

关于这部分内容,高中历史课标中的表述为:"了解经典力学的主要内容,认识其在近代自然科学理论发展中的地位。"显然,认识经典力学在近代自然科学理论发展中的地位,是本部分教学的重点。

但听了很多课,很多老师只讲授人类物理学知识的进展,即仅仅停留在梳理近代物理学发展的脉络上,都只是反复强调"经典力学奠定了近代科学的基础"或"经典力学开创了实验的研究方法",很少有老师去追问"近代科学为何首先以经典力学为突破?"或者说"实验何以如此重要,以致成为古代科学与近代科学的分水岭?"这样教学的结果必然是学生们只能"知道"而非"认识"经典力学在近代自然科学理论发展中所处的历史地位。

二、微课实录

教师导入

近代以来世界的科学发展历程,是受到了古代科学和思想意识的影响的,如:

材料呈现

《天体运行论》扉页的左页印有柏拉图的名言"不懂几何者莫入"。

——J·E·麦克莱伦第三《世界科学技术通史》

教师讲述

这是古代的思想意识对近代科学影响的最生动的注脚。近代自然科学诞生于西欧,而西欧文化的发源地是古希腊。包罗万象的古希腊哲学可以说是古代知识的汇总,在批判和思辨传统的支配下,古希腊哲学家不仅提出了有关自然哲学的许多问题、假说和猜测,还在方法论、认识论等方面为近代科学的产生准备了充分和必要的条件。在古希腊文化中最宝贵的科学成分在于它为后来科学的产生提供了数学理性、逻辑理性等精神准备。

1. 数学理性

教师出示

毕达哥拉斯的头像和毕达哥拉斯定理的内容。

2. 逻辑理性

教师出示

亚里士多德的头像和亚里士多德的自由落体理论(展示其理论形成过程)。

总结:数学和逻辑是古希腊人认识客观真理的手段和方式。

教师讲述

到了中世纪,逻辑理性精神非但没有被削弱,反而得到了加强。神学家们在逻辑学发展的基础上,以形式规则为工具逐步建立了大一统的宗教意识形态这一反动的神学理论。所以,教材第一句话就讲到了"中世纪的欧洲,亚里士多德的学说长期被奉为教条"。

但是:

僧侣主义扼杀亚里士多德学说中活的东西,而使僵化的东西永世长存。

——列宁《哲学笔记》

这说明:中世纪的欧洲,科学沦为了宗教神学的奴隶。

所以,近代科学想要争取自身的生存权,必然首先要破除宗教神学的束缚。那么,近代自然科学在哪些领域冲破了宗教神学的束缚并取得了重大成果?

答案:16世纪哥白尼的天文学、17世纪牛顿的经典物理学、19世纪达尔文的生物学。

(意图:使学生能从宏观上了解近代科学发展的脉络和架构,为学习下一课做好铺垫,同时也告诉学生近代科学首先是在天文学领域取得突破,后来的伽利略、开普勒、牛顿和达尔文都与天文革命的发展有一定的关系,如牛顿的经典力学就是天体力学与地面上物体力学的统一体。所以,孤立地看待科学发明与发现,本身就不是科学的态度。)

(和学生一起完成下表)

人物	著作	主张	方法	意义
哥白尼	《天体运行论》	"日心说"	观测行星	从根本上动摇了中世纪宗教神学的理论基础。
伽利略		自由落体定律(两个质量相差很多的球,结果同时着地。)	实验、逻辑推理和数学推演结合,但不完善	推翻了亚里士多德的自由落体定律。
开普勒	《宇宙和谐论》	开普勒三定律如:每一行星沿各自的椭圆轨道环绕太阳,而太阳则处在椭圆的一个焦点上……	在利用前人的科学实验和记录下来的数据基础上再做出科学发现。	能简单、精确推算行星的运动;使人们对行星的运动轨迹明晰。
牛顿	《自然哲学的数学原理》	经典力学理论	以实验为基础,以数学为表达,并具有严密逻辑体系。	完成人类对自然界认识史上的第一次理论大综合。

材料呈现

  他以系统的实验和观察推翻了以亚里士多德为代表的、纯属思辨的传统的自然观,开创了以实验事实为根据并具有严密逻辑体系和数学表达形式的近代科学。因此,他被称为"近代科学之父"。

—— 人民版高中历史必修三教师教学用书

  经典力学开始是16世纪哥白尼,他对一些行星的观测是实验;开普勒是第一个发现行星绕太阳走,路线是椭圆,这是唯象理论的结果;牛顿的《自然哲学的数学原理》把它变成了理论架构。

—— 杨振宁

教师讲述

  物理学分为三个领域,分别是实验领域、唯象理论和理论架构。杨振宁先生的话是对牛顿的经典力学产生的通俗解读。

  讲述牛顿的方法时,注意结合教材第120页的表述:"牛顿在认真研读伽利略自由落体定律的基础上,通过进一步定量试验,得出了惯性定律和加速度定律,又在笛卡尔等人对碰撞运动的研究基础上总结出作用力和反作用力定律。"

教材第120页最后一段的表述为:"综合了开普勒等人有关天体力学方面的研究成果,并运用他自己创立的微积分做计算工具,成功地导出了万有引力定律。"

强调以微积分这一锐利的数学工具作为计算工具,不仅在数学上论证了万有引力定律,而且把经典力学确立为一套完整而严密的体系,把天体力学和地面上的物体力学统一起来,从而实现了物理学史上的第一次理论大综合。

材料呈现

　　　　三百年前,人类的思想还充斥着迷信和恐惧,水为什么往低处流?太阳为什么升起落下?这些今天看来简单之极的问题,在当时却是根本无法认识和把握的。直到牛顿出现,人类才终于结束了这种状态。

　　　　　　　　　　　　　　　　　　　　　　　　——《大国崛起》解说词

英国著名诗人亚历山大·波普曾经写过一首赞美牛顿的诗:
自然和自然界的规律,隐藏在黑暗里。
上帝说:"让牛顿去吧!"
于是,一切成为光明。

教材中第121页的画——艺术家笔下的牛顿像神一样在制定宇宙规律。

说明,近代的自然科学到了牛顿这里,在无生命的宇宙中最终战胜了神学,引导大家从中世纪的黑暗愚昧走向近代科学的光明时代。

教师小结

	古代科学	近代科学
方法	数学与逻辑	以实验为基础,以数学为表达,并具有严密的逻辑体系

近代科学突出实验,相较于数学与逻辑的方式,更加接近客观真理,更符合科学求真求实的精神,所以,它对于追求真理而言非常重要,可以说是近代理论科学的基石。所以,实验就成了古代科学与近代科学的分水岭。

材料呈现

　　　　……不顾世人的无知、愚昧和任性,自伽利略时代以来科学方法确已攻占了一个又一个阵地。从力学到物理学,从物理学到生物学……科学都能逐渐地适应其不熟悉的领域。

　　　　　　　　　　　　　　　　　　——丹皮尔《科学史及其与哲学和宗教的关系》

三、微课思考

笔者认为,要想突破课标中的这一难点,应聚焦于研究手段的转型上。牛顿经典力学的诞生,不仅完成了人类对自然界认识史上的第一次理论大综合,同时也对科学研究的方法进行了系统总结,从而奠定了理论科学最本质的特征 —— 以实验为基础,以数学为表达。

进化论的影响

奉化中学　宋佩娟

一、选题背景

在平时的教学中,我们经常会碰到这样一些题目:

达尔文《物种起源》的影响远远超越其学科范围,扩展到社会思想领域,成为(　　)。

①魏源"师夷长技以制夷"的思想来源　②马克思暴力革命理论的思想来源　③西方列强瓜分世界的理论依据　④法西斯实行种族灭绝的理论依据

A.①②　　　B.①③　　　C.③④　　　D.②④

答案:C

本题考查进化论的影响,远远超出了教材的讲述范围,不仅考查了对欧洲、对落后国家所起到的积极方面的影响,还考查了进化论的消极影响。所以,笔者认为有必要把进化论的影响作为一个完整的概念传授给学生。

二、微课实录

材料呈现

1.(2011年1月沈阳市级重点联合体高二期末13题)2009年是达尔文的《物种起源》发表150周年,也是达尔文200周年诞辰。达尔文的《物种起源》发表后,引起了宗教势力的强烈反对,他们叫嚣"打倒进化论"和"粉碎达尔文",而支持者称达尔文是"生物学领域里的牛顿"。这说明了(　　)。
①达尔文的进化论实际上否定了上帝创世说　②达尔文的进化论促进了欧洲的思想解放潮流　③达尔文的进化论反映了早期资产阶级的要求　④达尔文的进化论成为欧洲宗教改革的指导思想

A．①②　　　　B．②③　　　　C．②④　　　　D．①②③④

答案：A

2．(2014·天津文综·5)达尔文《物种起源》一出版,英国社会学家斯宾塞马上将达尔文的学说运用到社会历史领域,创立了社会达尔文主义。他认为,人类社会也像自然界一样,存在着生存竞争。在竞争中,强者生存了下来,而弱者则被淘汰。只有这样,人类社会才能进步。这种观点(　　)。

A．正确。社会科学可以借鉴自然科学理论

B．错误。社会科学不可以借鉴自然科学理论

C．正确。自然科学理论可以移植到社会科学领域

D．错误。自然科学理论不可以移植到社会科学领域

答案：D

从这些题目中,我们可知:完整掌握进化论的影响是很有必要的。

教师讲述

(一)进化论的影响

①对生物学:开创了生物科学发展的新时代,达尔文被称为"生物学领域的牛顿"。

材料呈现

　　达尔文推翻了那种把动植物物种看作彼此毫无联系的、偶然的、"神造的"、不变的东西的观点,探明了物种的变异性和承续性,第一次把生物学放在完全科学的基础之上。

——列宁

教师讲述

(二)达尔文进化论的内容

如:把发展变化的思想引入了生命世界,使人们不再把动物与植物之间、动物和人之间的区别看作是绝对的和神圣的。

可见,达尔文的学说是生物科学领域的一次理论综合,对生物学的发展起了重大的作用。如果说17世纪的牛顿把"造物主"(神)从无生命现象的研究领域驱逐出去了,

223

那么这次,19世纪的达尔文是把"造物主"从有生命现象的研究领域驱逐出去了。

②对神学:有力地挑战了封建神学的上帝创世说,把人们的思想从神学束缚中解放出来。

材料呈现

我逐渐意识到,由于《旧约全书》中有明显的伪造世界历史的事实……因此就认为它的内容并不比印度教徒们的圣书或其他任何一个未开化民族的信仰更加高明些,更加值得我相信……我逐渐变得不再相信基督教是神的启示了……不信神就以很缓慢的速度侵入我头脑中,而且最后终于完全不信神了。

—— 达尔文

1859年11月24日清晨,雾霭中,伦敦几家书店的门口人声鼎沸,人们争先恐后地排队购买刚出版的新书——《物种起源》。初版1250本书在发行的当天就被销售一空。……书中的观点震撼了世界,动摇了禁锢人们思想许多个世纪的神创论。

—— 《科学简史》

达尔文,一个剑桥大学神学专业毕业的人最后都不相信神了,更不用说买了《物种起源》一书的人们,所以说他的学说动摇了禁锢人们思想很多个世纪的上帝创世说。

达尔文的进步观念所产生的影响就不仅限于生物领域了……

—— 维纳

教师讲述

③对社会科学:借鉴了其成果。我们必须辩证地来看待这个问题。

A.为马克思主义理论提供了自然科学基础。(积极)

材料呈现

达尔文的著作……我可以用来当作历史上的阶级斗争的自然科学根据。

—— 马克思

达尔文极其有力地打击了形而上学的自然观。

—— 恩格斯

马克思也推翻了那种把社会看作可按长官意志(或者说按社会意志和政府意志,反正都一样)随便改变的、偶然产生和变化的、机械的个人结合体的观点,探明了作为一定生产关系总和的社会经济形态这个概念,探明了这种形态的发展是自然历史过程,从而第一次把社会学放在科学的基础之上。

——列宁

教师讲述

B. 对处于国家危亡时期的中国思想界也产生了巨大影响力。(积极)

19世纪90年代以后,中国封建专制统治更加腐败,民族危机空前严重,爱国的求进步的中国人,强烈要求改变现状,挽救民族危亡。正是在这种历史背景下,当严复一翻译《天演论》,达尔文学说一传入中国,首先就成了不甘受帝国主义欺凌、渴求发展图强、争取生存的中国人变革现实的重要思想武器。他们从进化论出发,不仅深信生物界是进化的发展的,而且也坚信世界万物都是在变化发展之中。这种新的哲学观点打开了人们的眼界,拓宽了人们的思路,成了当时进步的中国人观察自然、社会、国家、人生、道德以及万事万物的总观点。

材料呈现

维新派从西方那里借取进化论和社会政治学说,作为思想武器,向顽固思想和只学西方技艺、反对西方政治制度的论调,展开激烈的批判。终于在1898年发生了戊戌变法。

——据李侃等《中国近代史》改编

后来,在资产阶级民主革命时期,孙中山、革命派也以进化论为依据,宣传民权必然战胜君权,民主共和必然要代替封建帝制。认为文明是自然所致,不可逃避的。所以,革命是合乎自然进化趋势的。

不可谓中国不能共和,如谓不能,是反夫进化之公理也,是不知文明之真价也。

——《孙中山在东京留学生欢迎会上的演说》(1905年)

教师讲述

再后来,在"五四"新文化运动时期,进化论仍然是多数知识分子的主导思想。

由此可见,达尔文的进化论对中国民主革命的影响是多么深刻。

社会达尔文主义的创始人是英国的哲学家斯宾塞(H.Spencer),他接受了达尔文的某些论点,如生存斗争、自然选择、优胜劣汰等,并以此用来解释人类社会的许多现象。他认为,人类社会也像自然界一样,存在着生存竞争。在竞争中,强者生存了下来,而弱者则被淘汰。只有这样,人类社会才能进步。

他主张国家、民族之间以及人与人之间的"弱肉强食""优胜劣汰",公然将以强凌弱的强权主义宣称为"社会伦理"。这不仅论证了社会压迫、社会剥削的合理性,而且反对被剥削阶级的任何反抗,还为以下事件的发生提供了理论依据和辩护作用(消极):

A. 西方资本主义、殖民主义的对外殖民扩张,掀起瓜分世界狂潮;

B. 法西斯的侵略扩张、战争,法西斯的种族灭绝。

三、微课思考

有关达尔文进化论影响的学习,通过对高考试题的分析给学生进行知识的梳理,从学习的实用角度来说确实有一定的帮助,也给我们的教学提供了较为便捷的路径。但历史学习中还有许多类似的问题,不一定都能一一作出说明,我们需要给学生提供什么途径去解决,这是值得思考的地方。

瓦特和他的改良蒸汽机

奉化中学　宋佩娟

一、选题背景

本片段是《人类文明的引擎》一课的第一部分。听过很多课，但总觉得上课的教师对本部分内容的处理与必修二专题五的《"蒸汽"的力量》无异。笔者认为这样的教学只能让学生从史实的层面了解瓦特改良蒸汽机、富尔顿制成汽船、史蒂芬孙研制蒸汽机车是人类进入蒸汽时代的标志，以及这些机器出现的大致时间等知识，但本片段属于文化史的科学技术史部分。所以，笔者认为在教学内容的处理上应具有文化史应有的特征，即还要让学生从史识层面理解科学技术的进步与人类思想和社会发展的关系，笔者认为这也应该是本教学的重点和难点。

而要达到这个目标，笔者认为必须聚焦于"科学技术社会化背后的推动力"上。近代以来，由于生产方式的改变，人类对自身发展的追求，不断推动着科学技术社会化。而科学技术社会化程度加深，不仅促进了人类社会的进步，还推动了科学技术更加迅猛的发展。之后，人类又提出了更高要求，更进一步地推动了科学技术社会化……人类就是在这样一个螺旋式上升的过程中，不仅推动人类的文明和进步，而且在思想上逐渐意识到了科学技术是第一生产力的观点。

二、微课实录

材料呈现

首先出示马克垚先生《世界文明史》中的一段话：

正如人们用"天火"来记住普罗米修斯一样……1769年被称为"奇迹之年"。

教师设问

问题一：为什么1769年被称为"奇迹之年"？谁创造了这个"奇迹"？

（因为在这一年，瓦特经过六年的努力，改进了纽可门蒸汽机，在汽缸后加冷凝器，使热能大大提高。）

问题二：他为什么能创造这样的"奇迹"？

原因如下：

1. 工业革命的开展需要工业发展的动力

材料呈现

出示水利织布机、水利纺纱机的图片，指出它们共同的缺陷是：依靠水力，只能建在高山峡谷的地方，而且遇到枯水期，就只能停工。

我们……需要带动工作机的动力机。

——纺织业主

如果不是可以得到蒸汽机的相对无限的动力，工业革命可能会在仅仅增加纺织品生产的速度后便逐渐消失。

——斯塔夫里阿诺斯《全球通史》

说明：是各种纺织工作机的发明对动力提出了要求，才使发明有效的动力机提上了议事日程。

2. 早期蒸汽机的缺陷

出示纽可门蒸汽机的图片并指出其缺陷：热效率低，只能用于矿山排水。

3. 瓦特锲而不舍的精神

教师讲述

瓦特的故事。27岁的瓦特在格拉斯哥大学修理纽可门蒸汽机时，就开始致力于改进蒸汽机，期间周边有很多质疑的声音："它除了用作抽水外，还有什么用途呢？""我们不需要抽水机，而需要带动工作机的动力机。"

但瓦特从1763—1782年，花了将近20年的时间，终于完成了蒸汽机的改良。

4. 实验科学的长期孕育，尤其是牛顿的经典力学和当时热学的成就。

材料呈现

在瓦特研制蒸汽机之前的一个世纪里,正是欧洲历史上一个科学鼎盛的时期。从17世纪中期开始,近代科学在一批巨人的推动下产生。……许多历史学家认为,如果从近代科学的角度看,正是牛顿开启了工业革命的大门。

——《大国崛起·工业先声》

法国工程师巴本……发明"蒸煮器"(即现在的高压锅)……水在里面煮沸后产生的蒸汽压使沸点升高,从而使食物易于煮烂……在此基础上……制成实验型汽缸。

——陈钦庄,詹天祥,计翔翔《世界文明史简编》

教师讲述

哪个是最主要原因呢?

问题三:他怎样创造了这个"奇迹"?

时间	改进的成果
1769	改进纽可门蒸汽机,在汽缸后加冷凝器,热能大增。
1782	双向汽缸蒸汽机,热效率成倍增加。
1782	设计了一套连杆曲柄传动装置,万能的原动机问世……联动式蒸汽机。

问题四:为什么说这是一个"奇迹"?(这是本片段的重点)

先出示结论:因为瓦特的改良蒸汽机直接把人类带入了"蒸汽时代"。

1. 生产上

材料呈现

它武装了人类,使虚弱无力的双手变得力大无穷,健全了人类的大脑以处理一切难题。它为机械动力在未来创造奇迹打下了坚实的基础,将有助并报偿后代的劳动。

——瓦特的讣告

如果没有蒸汽机,就不会有我们所描述的那样的大规模的工业扩展。

——美国史学家罗伯特·E·勒纳《西方文明史》

教师讲述

还有16世纪纺织业手工工场图片、工业革命后的纺织工厂图片和刘宗绪《世界近代史》中的数据图,说明瓦特的改良蒸汽机的出现和广泛应用,在生产形式上,用机器大生产代替了以前的手工劳动,在生产组织形式上,用工厂制度代替了以前的手工工场,而且使社会生产力大幅度提高。

2. 生活上

材料呈现

> 蒸汽机的发明,克服了原来使用水的限制,只要有煤的地方,就可以建立工厂。
>
> ——历史学家王觉非

> 1760年,英国5～10万人的城市只有1个,1851年达到13个。特别是新兴工业城市的发展迅速,如曼彻斯特、利物浦等。1851年,英国的英格兰和威尔士的城市人口比重达到50.2%。
>
> ——《普通高中课程标准实验教科书·历史》(人教版)

教师讲述

说明瓦特的改良蒸汽机摆脱了自然条件的限制,使工厂在某地开始大量出现,这样就逐渐形成了一系列新兴的工业城市,把农村的大量人口都吸引到城市中居住,大大加速了城市化的进程。

> 两个世纪以前,一千个人当中没有一个人穿袜子,一个世纪以前,五百个人当中没有一个人穿袜子,现在(产业革命后)一千个人当中没有一个人不穿袜子。
>
> ——1831年英国出版的《机器的成绩》

说明,随着大机器工业的发展,人们的生活水平也提高了。

出示:富尔顿汽船和史蒂芬孙蒸汽机车的图片。

富尔顿和史蒂芬孙的创新,把瓦特的改良蒸汽机运用到轮船和火车上,方便了人们的出行,加快了经济的发展,使人们的生活也越来越丰富多彩了。

> 中世纪的山静森幽、田园生活,迅速地为一个变动不息、到处奔忙、喧声嘈杂的世界所取代……历史跨进了一个新的时代。
>
> ——王觉非《欧洲五百年史》

所以,随着瓦特的改良蒸汽机在人们的生产和生活中的大量运用,人类进入了"蒸汽时代"。而从文明史观的角度来说,就是把人类从农业文明时代带入了工业文明时代。

(点题:人类文明的引擎)

> 19世纪中期,英国的生产能力比世界上其他国家的总和还要多。……英

国的煤产量占世界总产量的 2/3，……1848 年，英国的铁产量已经超过世界上其他国家的产量总和。

——人民版高中历史必修二

由于英国大量推广瓦特的改良蒸汽机，使生产力获得了如此迅猛的发展，又有蒸汽机做动力的火车和汽船成为连接世界各地的重要交通工具，瓦特的改良蒸汽机迅速地漂洋过海来到了欧洲、美洲……（图片）

先进生产技术和生产方式的传播，扩大了工业文明对世界的影响，不仅对欧美发达国家有影响，而且对广大的亚非拉国家影响也很深远。

材料呈现

资产阶级……由于一切工具的改进，由于交通运输的极其便利，把一切民族甚至最野蛮的民族都融进文明了。它迫使一切民族——如果他们不想灭亡的话——采用资产阶级的生活方式……它按照自己的面貌为自己创造出一个世界。

——《共产党宣言》

教师讲述

西方文明引领人类文明，以征服者的姿态促进亚非拉地区的近代化。

瓦特和他的改良蒸汽机就是以这样的方式，不仅把英国，而且还把全世界都从农业文明时代带入了工业文明时代。（再次点题）

总结：（配合示意图）通过我们刚才的讲述，近代以来，由于生产方式的改变，人们对提高生产效率的追求，推动着瓦特一次次地去改良蒸汽机，而瓦特的改良蒸汽机由于使机械化生产突破了自然条件的限制，并成功地提高了生产效率，满足了社会的需要，所以，他的成果迅速地在人们的生产和生活中被广泛地应用，即科学技术社会化。由于科学技术的不断社会化，不仅促进了人类社会的进步，又为科学的进一步发展提供了更先进的研究设备、更大规模的研究群体，即科学技术更加迅猛地发展了。在新的制高点上，人类又提出了更高要求，进一步推动科学技术社会化……人类就是在这样一个螺旋式上升的过程中，不仅推动人类的文明和进步，而且在思想上逐渐意识到了科学技术的重要性，到最后意识到科学技术是第一生产力这一点。

到了 19 世纪中叶以后，随着蒸汽机技术局限性的暴露，人们需要有一种更灵活、轻便、高效、清洁的动力时，就从科学中去寻找它的突破点。这样科学与技术就结合了。

三、微课思考

本片段不是必修二专题五《"蒸汽"的力量》的翻版,所以,仅仅只是从经济角度对瓦特的改良蒸汽机进行了解读,说明了瓦特的改良蒸汽机在推动人类从农业文明到工业文明的进程中发挥了巨大的作用,点了本课《人类文明的引擎》的题。

一战的两大军事集团

宁波市鄞州区正始中学　杨静萍

一、选题背景

研究第一次世界大战爆发的原因,必然要提到一战前夕欧洲各国主要矛盾的变化和两大军事集团的形成。这两个知识点作为一战爆发的重要原因,是《第一次世界大战的爆发》这节课的重点和难点。《浙江省普通高中历史学科教学指导意见》中明确提出:"了解第一次世界大战前夕欧洲列强之间的主要矛盾、欧洲两大军事集团的形成过程;认识第一次世界大战是资本主义列强矛盾激化的结果。"所以必须要讲清楚一战前夕欧洲的主要矛盾表现,分析矛盾形成的原因、矛盾的焦点等。此外,我们在讲课时,只列举英德、法德、俄奥这三对矛盾,会让学生形成一种错觉:欧洲的矛盾就是这样的。所以在讲完这两个知识点后,又通过对德俄矛盾的剖析,以及从同盟国集团与协约国集团形成的时间差这个细节入手,对英法俄内部的矛盾进行剖析,让学生全面地认识一战前夕欧洲矛盾的纷繁复杂。而之所以最后呈现出来的是这样两个军事集团,原因在于英德矛盾成了最主要的矛盾,而各国外交的出发点是国家利益。

二、微课实录

教师讲述

一战两大军事集团是欧洲列强主要矛盾变化后的一种关系重组,所以讲两大军事集团形成前先来讲一下一战前夕欧洲各国之间的矛盾。此时,欧洲各国间的矛盾可谓纷繁复杂,其中法德、英德、俄奥之间的矛盾是主要矛盾。

(一)欧洲列强的主要矛盾

1.法德矛盾。法德矛盾由来已久,法国在普法战争中战败,失去了欧洲大陆霸主地位,失去了阿尔萨斯和洛林,赔款50亿法郎。而德意志皇帝在凡尔赛宫镜厅的加冕称帝更是在颜面上羞辱了法国,深化了法德间的敌意。而德国则担心法国复仇,扩充陆军,打压法国。

2.俄奥矛盾。主要表现在对巴尔干的争夺上。20世纪初,随着奥斯曼帝国日益衰落,罗马尼亚、塞尔维亚、保加利亚、阿尔巴尼亚等国相继独立。但两次巴尔干战争不仅没有解决巴尔干地区原来的矛盾,反而又产生新的矛盾,给帝国主义列强插手巴尔干事务提供了机会。

材料呈现

从地理位置上看,对于俄国来说,土耳其海峡(博斯普鲁斯海峡和达达尼尔海峡)是俄国南部重要的生命线,如果土耳其海峡被敌对国封闭,俄国南部的对外联系将被断绝,黑海舰队将成为瓮中之鳖。巴尔干半岛的控制对于俄国来说至关重要。加之巴尔干本身复杂的民族问题,使其打着泛斯拉夫主义的旗号渗透巴尔干变得合情合理。巴尔干北部的奥匈帝国日益衰败,面对北方的德国、西边的法国、东面的俄国,奥匈帝国无力与任何一个国家对抗。它的发展只能往南方,将巴尔干半岛作为自己的势力范围,进行最后的挣扎。而俄国势力的入侵会让原本就比较弱的奥匈帝国受到敌对国的三面夹击(东边、南边俄国,西边法国),巴尔干半岛的控制对于这个帝国来说也是生死攸关的。

3.英德矛盾。英国希望保持欧洲大陆均势,便于其插手欧洲事务,所以不愿意看见德国过分强大;而德国在第二次工业革命后迅速崛起,并与英国在殖民地问题上冲突加剧,英德矛盾逐步升级。

材料呈现

材料一

项目	英	德	法	美
1870年工业产量所占位次	1	3	4	2
1870—1913年工业增速(倍数)	1.3	4.6	1.9	8.1
1913年工业产量所占位次	3	2	4	1

材料二 到1914年时,德国已经成为一个全球性帝国。在非洲,有德属

西南非、德属东非、喀麦隆以及多哥兰。在亚洲……获得了中国北方山东省的胶州湾……。在太平洋地区,则占领了萨摩亚群岛,德属新几内亚……马苏尔岛、卡罗琳岛和马里亚纳群岛等等。

——罗伯特·格沃特,埃雷兹·曼尼拉编《一战帝国1911—1923》

这三对主要矛盾的不断激化,最终促成了两大军事集团的形成。

教师讲述

(二)两大军事集团的形成

1879年在德意志宰相俾斯麦的推动下,德奥先缔结了"同盟条约",规定:缔约一方受到俄国攻击时,另一方必须以"本国的全部武装力量"予以帮助。

那俄国又何时与德国结仇的呢?在《被遗忘的浩劫:第一次世界大战》中有这样一段描述:

材料呈现

1877年,俄发动了针对土耳其奥斯曼的俄土战争,夺取了大片土地,引起了俾斯麦的妒意。对俾斯麦而言,邻国的强大就是对德国的威胁。1878年……《柏林条约》,虎口夺食般使沙俄占领达达尼尔海峡和博斯普鲁斯海峡的企图化为泡影。

教师讲述

德俄关系急剧恶化。所以德俄矛盾的归结在巴尔干问题上,而德奥同盟具有明显的反俄性质。1882年,德国利用意大利与法国在突尼斯的矛盾,把意大利拉入同盟,同盟国正式形成。

为了对付三国同盟,1892年法俄签订军事协定,之后英国也调整了政策,分别与1904年和1907年与法俄签订了协定。至此,一战的两大军事集团最终形成。

(三)透过现象看本质

现在我们扒开一些细节,来揭示历史真相。相对于反俄反法性质明显的三国同盟,法俄的结盟在其十年后,而英国放弃大陆均势政策,与法俄结盟则要在其二十多年以后,这里的时间差和英国放弃对欧洲的大陆均势政策分别说明了什么问题?

我们来看几则材料:

材料呈现

材料一 德、奥、俄这三个君主专制国家曾在1873年签订军事协定,即"三皇国盟",以共同对付实行共和的法国。

材料二 英国原本奉行"光荣孤立"的政策……由于法国在海外与英国疯狂争夺殖民地,英德关系一度还很接近,但随着实力越来越强大,英国开始感受到了德国的威胁……实力的增强,使威廉二世变得忘乎所以。他抛弃了俾斯麦的"大陆政策",欲与英国争夺海上霸主的地位。这是英国绝不愿意看到的。1902年,英国与日本签订同盟协定。在欧洲大陆,英国则准备与宿敌法国冰释前嫌……(1904年)英法缔结《英法协定》,为了对付德国这个共同的威胁,他们平息了彼此的殖民纠纷。

　　材料三　《英法协定》实实在在地刺激了沙皇俄国。虽然俄国人痛恨英国人与日本人结盟,痛恨英国人阻止它对君士坦丁堡的觊觎,但俄国外交大臣依然宣称:"我们的朋友的朋友就是我们的朋友。"1907年,在法国的撮合下,《英俄协定》签订。

——张钊,田园编著《被遗忘的浩劫:第一次世界大战》

教师讲述

　　从这些材料可以看出,这里的时间差说明英法俄之间本身也是矛盾重重,但最终还是成了"朋友",用英国首相帕默斯顿的话说:"没有永恒的朋友,也没有永恒的敌人,只有永恒的利益。"这让我们充分认识到外交的一个基本原则:一个国家的外交以国家利益为出发点。

　　而英国在重重矛盾之中最终放弃了欧洲大陆均势政策,也足以说明英德之间的矛盾成了最主要的矛盾,而英德两国间争夺的殖民地、世界市场和世界霸权也足以说明这场战争的"帝国主义"性质。

三、微课思考

　　如果在一节课上要这么详细地展开对各种矛盾的剖析,时间显然是来不及的。那么微课恰巧弥补了这个遗憾,并且可以让学生反复学习其不懂的知识点,针对性较强。另外,试想能不能在开头部分增加一个导入的环节,设计一些比较有意思、能引起学生兴趣的环节。比如,讲英德这对最主要矛盾时可以介绍这样一个小细节:德皇威廉二世与当时的英国国王是外甥与亲舅舅的关系,在伊丽莎白病重过世前,威廉二世还跑去英国陪在外婆身边直至过世。这样的关系为什么最终会站在了对立面上,斗得你死我活?

一战中的新式武器

宁波市鄞州区正始中学　杨静萍

一、选题背景

在1914年8月—1918年11月期间爆发的第一次世界大战中,出现了许多一战以前没有出现过的武器,如:坦克、飞机、毒气等。它们不仅在一战中发挥了极大的作用,一定程度上左右了战争的进程;同时使战争变得超乎人们想象的残酷,也改变了以往战争的武器结构,对现代战争的影响极大。《浙江省普通高中历史学科教学指导意见》《旷日持久的战争》一课中明确提出:认识新式武器在现代战争中的作用,感受现代战争的残酷性。但由于时间的限制,在平常的课堂中极少有教师会涉及这块知识点,更多的是让学生记住有哪些武器出现在什么战斗中。所以现在以微课的形式来补充这块知识点,带领学生走近一战中新出现的武器,深刻体验科技用于战争后,现代战争超强的破坏性和残酷性。

二、微课实录

教师讲述

第一次世界大战在人类历史上,尤其是人类战争史上有着一个特殊的位置。它不仅仅是人类历史上第一场真正意义上的全球战争,而且是人类战争的一个高峰。在这场战争中,人类大规模地将科技应用于战争,制造大规模杀伤性武器,使战争具有空前的暴力性和破坏性。同时,战争由平面进入立体空间,战线拉长,战争超出交战国范围,成了一种联盟战争,这是一种无限化的总体战。上述这些一战的特点在一定程度上与参战各国使用的新式武器有关。那么一战中出现了哪些新式武器?

1. 毒气

材料呈现

  PPT 图片展示(左、右)

教师讲述

左图展现了最初的毒气就是通过这些长得像蚯蚓样的管子向外吹放的。右图是大量液氯钢瓶在释放毒气。1915 年 1 月,德军首先在东线使用了催泪毒气。1915 年 4 月,德军在伊普雷地区使用大量液氯钢瓶吹放氯气,德军借风向有利之机,在西线比利时伊珀尔战线前沿 6 公里的正面战场上,以预先布设的 6000 个压缩氯气钢瓶,向协约国倾泻了约 180 吨氯气,造成英法联军 1.5 万人中毒,至少 5000 人死亡,开创了大规模使用化学武器的先例。交战双方在战场上先后大量使用了化学毒剂抛射器和化学炮弹。

2. 坦克

材料呈现

  PPT 视频展示(略)

教师讲述

坦克是现代战争中陆战的主要战争武器之一,有着多种型号、多种用途,而它们的鼻祖正是英国在一战期间发明的"小游民"(拖拉机上加装了装甲和武器)。我们来看一段小视频。

视频中的坦克与现在的坦克(PPT 展示)相去甚远,虽笨重缓慢难以操作,却成功成了一战中无法克服的战壕、机枪、铁丝网的克星。1915 年 2 月中旬,丘吉尔决定绕开陆军部进行试制。他在海军部成立了一个"创制陆地巡洋舰委员会",经过两个月的设计和 40 天的试制,第一台陆地巡洋舰出世了。为了躲避当时德军间谍的注意,这种新式战斗机器因为酷似水龟(tank)而被命名为"TANK"。自此,坦克诞生了。其出场更是生动诠释了"秘密武器"这个词语。1916 年 6 月 24 日开始,英、法联军在法国北部索姆河地区发动了对德军的一次阵地进攻战。德军阵地上突然出现了一个又一个"怪物"。它横冲直撞,前面还"吐着火舌",德军阵地堑壕被碾平,阵地上的枪、炮被碾坏,不少德军士兵还被它的"火舌"打死打伤。当德军步兵用步枪对"怪物"猛烈射击时,这个"怪物"却若无其事,继续向前走。对此,德军大为惊恐……这是英军也是世界上第一次将坦克运用于战场的情况。坦克的问世,标志着陆军机械化时代的开始。

3. 飞机

材料呈现

  PPT 图片展示莱特兄弟与飞机照片(略)

教师讲述

1903年12月17日,世界上第一架有动力的飞机诞生了。当设计、制造和试飞者莱特兄弟沉浸在巨大的喜悦之中时,他们决想不到一种新的战争武器将由此问世。

材料呈现

  PPT 图片展示一战中的飞机(略)

教师讲述

飞机出现后的最初十几年,基本上是作为一种娱乐的工具,主要用于竞赛和表演。但是当第一次世界大战爆发后,这个"会飞的机器"逐渐被派上了用场。大战爆发前夕,飞机只能担任侦察、通信、校正炮兵射击等任务。大战爆发后不久,法国在飞机上首先安装了固定式机枪,标志着歼击机的诞生;俄国在飞机上安装了专门的挂弹装置、机械投弹器和瞄准器,轰炸机也出现了。1918年德国又研制出了以支援地面部队为主要任务的强击机。战争结束时,各国所属航空兵编制的飞机有10131架,其中歼击机4063架,侦察机4578架,昼夜轰炸机686架。

在一战期间,战斗机从诞生到发展,之后成为战争的一支重要力量,使过去以海、陆为主的平面战争变成以包括空中在内的立体战争。

4. 潜艇

材料呈现

  PPT 图片展示(略)

教师讲述

在讲到美国放弃中立立场,参加第一次世界大战的时候,我们注意到其中很重要的一个原因是德国的无限制潜艇战侵犯到了美国人的经济利益。所以,潜艇作为一种新式武器,在一战中也有着不可忽略的历史作用。在第一次世界大战爆发时,潜艇还只是一种作用不明朗的海上新鲜玩意儿。由于没有经过实战的检验,潜艇的战术和理论几乎还是空白。不过,经过四年海上战争的磨炼,到1918年底,潜艇作为一种有效海战武器的作用已经不再被怀疑。

目前潜艇以其隐蔽性而成为一种难以对付的海上利器,成为现代海上编队不可或缺的重要组成部分。特别是现代战略核潜艇已经成为一个国家核力量中最可靠、生存力最强的核进攻反击手段。

5. 机枪

材料呈现

  PPT 图片展示（略）

教师讲述

一战中机枪的广泛应用，其实是催生许多新式武器诞生的原因之一。对于机枪在第一次世界大战中的作用，有人评价道："可以说，是大口径火炮，机枪和战壕共同造就了停滞和胶着的第一次世界大战。"机枪的作用除了在陆战中大面积的扫射，大量射杀敌人，之后还被带上了飞机，使原本不具备战斗功能的飞机开始有了攻击性，并渐渐发展成为人类战争中的重要武器之一。

结语

我们发现每一种新式武器在第一次世界大战中的运用，都可能带来一些新的战争形式，或者造成一种更大规模的杀伤，加剧战争的残酷性，对一战本身有着举足轻重的作用。此后，这些武器对二战以及局部战争都产生了重要影响。虽然自海湾战争以来高科技运用成为现代战争中的一个重要特点，但很多一战中的新武器直到今天仍然在战争中扮演着很重要的角色，比如坦克、战斗机等等。所以，在学习一战的过程中认识这些武器很有意义。

三、微课思考

每位学生对于战争和武器感兴趣的程度是不一样的，所以在这堂微课的讲授过程中更多地采用了图片、视频、小故事等资源，让学生能更直观地感受。笔者也思考过除了介绍一战的这些武器外，专门分第二部分来讲这些新武器的影响，但在具体操作的过程中发现时间不够，所以就把这些影响以简单的语言分散在了每种武器的结尾处，值得再探讨。

《凡尔赛和约》

宁波市鄞州区正始中学　杨静萍

一、选题背景

德国作为同盟国的核心,处置德国的《凡尔赛和约》是凡尔赛体系中的重要组成部分,在凡尔赛体系中最具代表性。通过对《凡尔赛和约》的解剖,基本上就能理解凡尔赛体系,所以解读好《凡尔赛和约》的内容及其评价十分重要。在平常教学中由于时间关系,教师把重点放在了对内容的记忆上。这节微课则是通过材料的补充,对《凡尔赛和约》的内容进行了较为详细的解读,并在此基础上形成对和约的评价,论从史出。

二、微课实录

教师讲述

1919年1月18日,巴黎和会在凡尔赛宫正式开幕,经过激烈争吵和讨价还价后,到1919年6月28日,第一次世界大战的战胜国在凡尔赛宫的镜厅签署了《协约各国和参赛国对德和约》,即《凡尔赛和约》。经过5个多月的争吵,并以进攻威胁迫使德国接受的《凡尔赛和约》究竟有什么内容?

材料呈现

(一)《凡尔赛和约》的主要内容

①德国及其各盟国应承担战争罪责。

②重新划分德国的疆界。(配合PPT上的地图来讲述疆界的变化)这块黑

色区域是一战前的德国疆域。按照和约规定:在西部,阿尔萨斯——洛林归还法国;萨尔煤矿由法国开采15年,15年后通过公民投票决定其归属;莱茵河西岸的德国领土由协约国占领15年。在南部,德国承认奥地利独立,德奥永远不得合并;德国承认捷克独立。在东部,德国承认波兰独立,并将波兹南等一部分领土划给波兰。为给波兰一个出海口,东普鲁士附近划出一条"波兰走廊",并把但泽交给波兰管理。在北部,石勒苏益格经过公投,回归丹麦。这样1919年的德国减少了13%的领土和10%的人口。

③关于殖民地问题:德国的全部殖民地由几个主要协约国以"＿＿＿"的形式予以瓜分。

④关于军事问题:德国废除＿＿＿制,只能保留＿＿＿万陆军,不得拥有＿＿＿、＿＿＿等。海军只许拥有轻型战舰。

⑤关于赔款问题:规定成立一个＿＿＿委员会,由它在1921年5月1日前确定赔款总额,在此之前,德国应先交付赔款200亿金马克。(以填空形式来突出关键词)

教师讲述

列宁称:"《凡尔赛和约》是强盗、掠夺者、高利贷者、刽子手和屠夫的和约。""靠凡尔赛和约来维系的整个国际体系、国际秩序是建立在火山口上的。"

你怎么评价《凡尔赛和约》?

(二)《凡尔赛和约》评价

下面我们结合材料,试着来分析评价下。

材料呈现

材料一 1919年4月21日,德国政府给代表团下达了和谈方针:

在关于一战的爆发责任问题上,德国要求设立一个中立的调查委员会进行追究,协约国不能既是原告同时又是法官;德国希望拥有经济上的平等权和保留殖民地;领土割让事宜应诉诸公民投票;赔偿应局限于重建战火破坏地区所需的费用;德国的裁军行动应成为各国均衡裁军的先导。

—— 郑寅达《德国史》

把这则材料和《凡尔赛和约》整合成表格来比较下:

内容	《凡尔赛和约》	德国和谈方针
战争责任	德国及其盟国	由调查委员会进行追究
领土	强行割占13%	公投
殖民地	德国所有殖民地被瓜分	保留殖民地
裁军	德国实力大减	德成为各国裁军先导
赔款	先赔付200亿金马克，后决定总金额	仅限于战火破坏重建部分

两项比较，不难发现，《凡尔赛和约》与德国原来的设想相去甚远，前面三项已经是赤裸裸地宰割。

裁军这块，虽规定"德国裁军成为各国先导"，但事实上其他国家并未真正裁军，相反军备竞争愈演愈烈，以至于成为华盛顿会议的主要议题。裁军也只是单纯地制裁了德国而已，这有一个很好的例子可以说明：和约规定德国不能生产重机枪。但其他国家却纷纷效仿德国，研制发展重机枪。

关于战争赔款：

> 赔偿委员会内部几经反复，最后确定了1320亿金马克的赔偿总额，要求德国分66年付清，同时向德国提出最后通牒，以出兵占领鲁尔区相威胁。无奈之下，德国政府在最后通牒前两小时接受了全部条件。

——郑寅达《德国史》

教师讲述

这么巨大的赔款数值，对德国无疑是一种勒索，且由于马克的贬值，初期德国使用实物进行战争赔偿。用列宁的话讲：《凡尔赛和约》剥夺了德国全部的生活资料，使孩子们挨饿，甚至饿死。

结论一：从和约内容看，严厉制裁、勒索了德国。

此外在和约的签订过程中，不仅不让德国等战败国参会，还制造了一些让德国复仇心爆棚的"巧合"。

材料呈现

材料二　◇举办和会的地点——凡尔赛宫

1871年，德国人正是在此地举行了德意志帝国统一的仪式。

◇《凡尔赛和约》签字的地点——凡尔赛宫镜厅

1871年，普鲁士国王威廉一世正是在此地加冕成为德意志帝国皇帝。

◇会议正式召开的时间——1月18日

1871年，德国人正是在这一时间举行了德意志帝国统一的仪式。

结论二：这一招也彻彻底底羞辱了德国。

过渡：而德国的愤怒与复仇情绪在和约签订的这一刻也已经表露无遗。

材料呈现

材料三 （德总理）谢里曼声称自己不能领导一个在和约上签字的政府。(1919年)6月20日，谢里曼内阁全体辞职。

6月22日，(德)国民议会就签署和约进行表决……签署和约那天，德国右翼报纸都在第一版加上表示哀悼的黑色镶边，并号召准备复仇。

——郑寅达《德国史》

结论三：《凡尔赛和约》已经在国际关系的土壤中埋下了会滋生罪恶的种子。

教师讲述

最后我们把这些材料和结论作一个归纳：

《凡尔赛和约》对德国是十分苛刻的，德国绝不可能长期忍受《凡尔赛和约》的压制和约束，一旦德国有所恢复，必然要求摆脱种种束缚，最终导致这个和约之下的国际体系极不稳定，如在火山口。

但另一方面，通过对和约的妥协，原有帝国主义国家的矛盾暂时得到缓和，一战后的国际体系开始建立，世界获得了暂时的和平与发展。

三、微课思考

这个知识主要是通过对《凡尔赛和约》内容的详细解读，让学生充分感受其苛刻之处，从而顺利得出对其消极的评价。对于积极评价则采用了一笔带过的方式，这里似乎不够妥当，但是如果详细展开又恐时间过长，这个成了这节微课的纠结之处。

第二次世界大战过程梳理

宁波滨海国际合作学校　郑广亮

一、选题背景

比较人类历史上的两次世界大战,二战历时更长,涉及的范围也更广。教材用了整整四课的篇幅来介绍二战的过程,里面有众多的战役和事件需要同学们去掌握。正是因为知识点庞杂,所以成为学生学习的难点。经常有学生弄混二战中的战役次序而张冠李戴。那么如何梳理能较好地掌握这些细碎的知识呢?建议同学们用分类法进行归纳和总结,可以从不同的战区、战争的不同阶段两个维度来梳理。另外,在梳理知识的过程中建议采用表格法配合地图进行学习。

二、微课实录

材料呈现

　　二战形势动态图(略)

教师讲述

二战从全面爆发到结束历时 6 年,战火遍及欧、亚、非等诸多大洲。正是因为二战的持续时间极长和范围极广,所以战争过程中有诸多的重大战役和事件需要同学们掌握。那么如何来梳理这些庞杂的知识呢?

首先,二战的涉及范围极广,我们可以分不同的战区来进行学习。建议同学们分北非、太平洋、西欧、苏德等战区来学习。

材料呈现

1941—1945年的南欧和北非战场地图(略)

教师讲述

先看北非战场(含东非、南欧。因为东非只有埃塞俄比亚联合英国对抗意大利的战争,所以就不再单列。南欧战场是北非战事的延续,故而也放到一起)。二战北非战场的发展脉络是相对比较清晰的。北非战事开始于1939年意大利参战,结束于1943年5月德意军队投降。涉及的国家有德国、意大利、英国、美国和埃塞俄比亚。重大战事及影响归纳如下:

时间	北非战场重大战事及影响
1939年	意大利在北非和东非进攻英军,企图建立"新罗马帝国"。
1940年	英军在东非反击。
1941年	埃塞俄比亚复国(第一个从法西斯奴役下解放的国家)。2月,"沙漠之狐"隆美尔增援意军。
1942年	10月,阿拉曼战役英军反攻,德意军队西撤。北非战场转折点。11月,美英联军"火炬"登陆。
1943年	5月,德意军队投降,北非战事结束(二战各大战场中最先结束)。7月,盟军西西里岛登陆。意大利政变,退出二战,轴心国开始瓦解。

材料呈现

二战中的亚洲太平洋战场地图(略)

教师讲述

看完北非战场,我们接着来看太平洋战场(该战场区域也包含亚洲战场,特别是中国战场。由于中国的抗日战争在必修一中已经进行了系统学习,故不再赘述)。太平洋战争爆发于1941年,是所有战场中卷入战争最晚的。因此,太平洋战争的爆发也标志着二战达到了最大规模。但是这一战场的转折点却是所有战场中最早的。重大战事及影响如下:

时间	太平洋战场重大战事及影响
1941年	12月7日,日军偷袭珍珠港(二战达到真正的世界规模。直接推动了1942年反法西斯联盟的建立)。
1942年	6月,中途岛海战(日本丧失太平洋战场的战略主动权,战场出现转折)。8月,美军反攻,夺占所罗门群岛和瓜岛,开始掌握战场主动权。
1945年	年初,美军收复马利亚纳群岛和菲律宾,日军海空军主力被消灭。4月,美军攻占硫磺岛和冲绳岛。8月,美军在广岛和长崎分别投下一颗原子弹。

材料呈现

二战前夕西欧形势图(略)

教师讲述

接着我们看西欧战场(含北欧战事)。这一战场涉及的国家较多,法西斯阵营有德意两国。反法西斯阵营有英、法、荷、比、丹麦、挪威。重大战事及影响如下:

时间	西欧战场重大战事及影响
1940年	4月,德国攻占丹麦、挪威(两国都属于北欧)。
	5月,德国攻占荷兰、比利时。英法联军实行敦刻尔克撤退,保存了反攻实力。
	6月,德国对法国发动总攻(曼斯坦因方案),意大利趁火打劫。6月22日法国投降。
	7月,"海狮计划"开始,不列颠之战打响。
	9月,"海狮计划"推迟,德国的侵略第一次未能得逞。1941年3月美国通过《租借法》。
1944年	6月6日,英美盟军执行"霸王行动"在诺曼底登陆。德国限于两线作战,加速灭亡。
	8月,巴黎光复。
1945年	春,粉碎德国阿登地区的反攻。

材料呈现

二战苏德战场地图(略)

教师讲述

最后我们来说说苏德战场(含东欧)。苏德战场是二战最重要的战场。因为法西斯德国无疑是法西斯集团中实力最强的国家。苏军抗击了德军的主力,歼灭了大量德军有生力量,并最终攻入德国。这个过程中有许多重大的战役需要我们用心梳理:

时间	苏德战场重大战事及影响
1939年	9月,德国入侵波兰。9月3日英法对德宣战,二战全面爆发。美国通过新《中立法》。
1941年	6月,德国入侵苏联,苏德战争爆发。8月,美英发表《大西洋宪章》。9月,苏美英三国签订议定书,开展反法西斯联合行动。
	9—12月,莫斯科战役,德国陆军遭受第一次重大失败,"闪电战"破产。
1942年—1943年	1942年7月—1943年2月斯大林格勒战役,苏德战场局势发生根本转折。
	1943年7月,库尔斯克战役,二战中规模最大的坦克会战,德军失去苏德战场主动权。
1944年	罗马尼亚、保加利亚、匈牙利等法西斯仆从国退出战争。
1945年	4月,苏军攻克柏林。

三、微课思考

把二战这个整体拆分成若干局部来进行归纳和总结,这样的方式有利于学生对细碎知识点的把握,也能更好地发现历史事件的连贯性。但是教师要引导学生做必要的横向比较,特别是以年份为依据做横向比较。例如:1942年是二战的转折年,北非和太平洋战场都完成了转折,苏德战场的转折也在进行之中。这样的横向联系可以更好地帮助学生从宏观上把握历史发展的脉络,建立起整体历史观,进而用联系的观点来分析和把握历史问题。

二战可以避免吗
—— 德国走上发动二战之路的原因分析

宁波滨海国际合作学校　郑广亮

一、选题背景

第二次世界大战的本质是世界反法西斯力量与法西斯势力之间的斗争。因此,研究二战这段历史就是要告诫人们牢记法西斯恶势力给世界带来的重大危害,避免灾难重演。而在二战的诸多问题中,关于二战爆发原因的分析无疑是最具有借鉴意义的研究课题。德国是二战祸首之一,也是法西斯势力中实力最为强大的。因此,研究德国为什么会走上发动第二次世界大战这条歧路的原因是具有样本意义的。

二、微课实录

教师讲述

曾经有学生半开玩笑地问我:"老师,要是当初希特勒在一战的时候被炸死了,是不是就没有法西斯也没有二战了?"我也半开玩笑地说:"你做做下面这道题就明白了。"

材料呈现

德国法西斯和日本法西斯比较,其不同之处在于(　　)

A. 通过国会选举合法上台执政

B. 因经济危机造成的混乱形势而崛起

C. 实行对内独裁,对外扩张的政策

D. 利用发展军事工业和对外战争摆脱危机

教师讲述

这道题的正确答案是 A。纳粹党上台执政不仅仅是希特勒个人兴风作浪的结果，而是当时德国民众的选择，是当时德国历史发展的现象。下面我们就来剖析一下到底是哪些因素推动德国走上发动二战这条"不归路"的。

应该说这是一个很复杂的问题。它包含德国法西斯为什么会上台，法西斯的对外扩张为什么没有被遏制等若干分支问题。本单元的 1、2、3 课内容都在围绕这一问题展开，并且前一个单元还有伏笔。所以我们有必要打破章节重新整合知识。

材料呈现

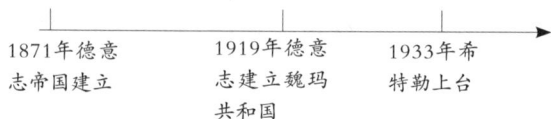

教师讲述

首先来看"历史原因"。从这个坐标轴上我们能直观地发现：德国告别君主制只有短短的几十年。正是因为德国在历史上缺乏民主的传统，军国主义浓厚，使得其专制的温床特别深厚，也就为法西斯上台提供了土壤。

材料呈现

德国民众游行抗议

教师讲述

这幅照片相信同学们都很熟悉，它反映的是《凡尔赛和约》签订后德国民众游行抗议的情景。其实一战在德国宣布停战的时候其战线还基本在法国境内，因此德国民众并不认同"德国战败"的说法，反而认为德国是为欧洲的和平做出卓越贡献的一方。因此，《凡尔赛和约》将战争的责任完全归咎于以德国为首的同盟国一方，并要求德国承担战争的罪责和巨额的赔偿，显然是违背德国民众最初的期望的。故此，德国民族主义情绪上升,复仇主义滋长。纳粹党打出"民族主义"这块招牌正是迎合了这种情势,自然得到拥护。

引导小结

德国法西斯上台,除了自身历史上缺乏民主传统外,还有一战遗祸的影响。

教师讲述

说了"历史原因",我们再来看看"现实角度"。

材料呈现

1929—1933 年经济下降状况表

	美国	德国	英国	法国	日本	资本主义世界
工业生产下降幅度	46.2%	40.6%	16.5%	28.4%	8.4%	33% 以上
对外贸易下降幅度	70%	69.1%	50%	50% 以上	50% 以上	60%
失业工人（万人）	1700	476	近 300	85	300	3000

教师讲述

通过上面的图表我们可以发现,德国是 1929—1933 年经济危机期间工业下滑仅次于美国的国家。由于美国是一战战胜国,经济底子雄厚,而德国在当时的经济状况是很糟糕的。面对糟糕的经济局面,德国的垄断资产阶级倾向于建立一个独裁的强权政府,而此时极力宣传集权的纳粹党自然深得他们的欢心了。而且,经济危机造成了德国经济的困境,所以法西斯希望通过对外侵略来转嫁危机,从这个意义上说,这场经济危机无疑是二战的导火索。

材料呈现

教师设问

请问这两幅漫画分别讽刺哪一历史事件？

教师讲述

左边这幅图讽刺的是慕尼黑阴谋，右边讽刺的对象则是《苏德互不侵犯条约》的签订。英、法、苏三国的妥协和自私无疑是二战的加速剂，对法西斯的扩张起到助长的作用。

为什么面对法西斯的扩张美英法三国选择了绥靖和退让？其实这个问题在前面的经济危机期间经济下滑表中我们就能看出原因。因为这三国同样深受经济危机的困扰，力所难及。那么有同学会问了，美国不是有罗斯福新政吗？请看下表：

材料呈现

罗斯福新政以来美国生产恢复柱状图（1933—1945年）

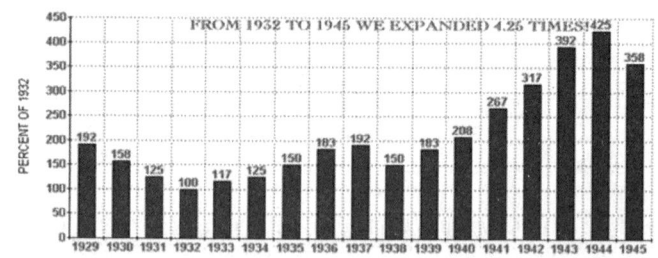

教师讲述

如果假设1932年美国经济处于最低谷时的经济总量为100，通过图表我们可以看出，直到1939年二战爆发的时候美国的经济依然没有恢复到经济危机之前的水平。这就不难理解二战前美国为什么要推行中立政策了。从某种意义上说恰恰是二战最终拯救了美国的经济。

刚才我们从经济的角度分析了为什么美英法三国会推行绥靖和中立的政策，但无论理由多么充分，其结果都无疑助长了法西斯的侵略气焰。

教师小结

德国由于历史上的积弊、现实经济危机的打击，加之纳粹党的欺骗性宣传，使得法西斯登上了德国的政治舞台，并引领德国走向战争。而当时的世界各强国，处于自身利益的考虑都漠视法西斯对弱小国家的欺凌，甚至助纣为虐，最终使得德国在战争的道路上越走越远，酿成二战的发生。

三、微课思考

除了探讨德国为什么会发动第二次世界大战的问题外,对有关第二次世界大战爆发的原因的了解有助于学生对此问题有更深入的理解。随着越来越多的历史档案的解密,在这一问题上有很多新的材料、新的佐证、新的观点都可能成为我们学习和考查的对象。教师可以依据有关问题的研究成果,在教学的过程中进行适当补充。同时,当今的世界还不太平,部分国家法西斯势力暗流涌动,各大反法西斯战胜国常以各种纪念活动警醒人们铭记历史。所以二战不时成为考查的热点,要多加关注。

教材中二战武器插图分析

宁波滨海国际合作学校 郑广亮

一、选题背景

战争是政治的延续,是包括政治、经济、外交、科技、人口等诸多因素在内的综合国力的全面较量。而在具体的战场上,战争是人与武器装备有机结合的战斗力的较量,武器装备与军队的战斗力息息相关,武器装备甚至能够决定战争的模式乃至最终的结果。一战为什么会打成"阵地战""堑壕战",二战初期法西斯的"闪电战"为什么能肆虐欧洲,这一切无不和当时使用的武器装备息息相关。教材中有许多二战武器的插图,但是对这些武器的介绍却寥寥无几,所以我们有必要对这些教材插图做一些说明,从而更好地理解二战。

二、微课实录

材料呈现

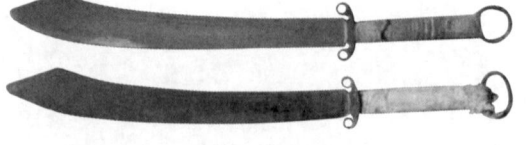

中国军队使用的大刀

日军使用的"三八"式步枪

教师讲述

《大刀进行曲》在抗战时期的中国几乎是家喻户晓,甚至成为中华民族舍生取义、捍卫民族尊严的精神象征。但是有没有人思考过,大刀很显然和现代化的军队是格格不入的。那么国民革命军第二十九军中为什么会出现这种背离历史潮流的武器配备呢?这是因为从1919年到1929年,由于中国持续不断的内战,欧美列强对中国实行武器禁运。二十九军原属西北军,当年冯玉祥创建西北军的时候,因为部队扩充快,枪支弹药不足,就为部队士兵配发了大刀。当初为了应急用的大刀,反而成了西北军的重要武器之一。而上图右边是日军的"三八"式步枪,它的优势:射程远,精度高,容易训练新兵,制造简单,配上三零式刺刀,整体约为1.7米,非常适合白刃战。

通过这一组武器的对比,我们能够很好地理解抗战初期中国所面临的国际困境和为什么抗战初期国民政府的军队节节败退了。

材料呈现

德国装甲部队

波兰骑兵

德国II式坦克

德国"虎"式坦克

苏联"卡秋莎"火箭炮

苏联T-34坦克

日军装甲车开进沈阳

法国S-35坦克

教师讲述

教材中关于二战中机械化部队的装备插图一共有 7 幅。其中属于亚太战区的只有一幅，即"日军装甲车开进沈阳"。只要略微查找一下资料，同学们就可以发现，这些装甲车的装甲都非常薄，重机枪的子弹都可以穿透。但即便如此，这些"薄皮大馅"的铁家伙欺负当时的中国军队还是绰绰有余的。据学者统计，到 1937 年中日开战，中国军队中的坦克和装甲车总共大约是 96 辆（含地方军阀掌握的数量）。而仅仅在淞沪会战中，日军就投入了 200 辆坦克，更不要说海空军的优势了。两者相比较，日军提出三个月灭亡中国的计划从武器装备的对比上来说还是存在一定底气的。

这种差距同样存在于二战的欧洲战场。教材第 58 页"历史纵横"中德军的装甲部队乘坐的是一号坦克"/PzKpfw I"，其与手持长枪的波兰骑兵形成"代差"式的鲜明对比，直观地帮助我们理解了军事装备差距对战局的重大影响。

而另一方面，虽然当时的法国拥有像 S-35 型（教材第 59 页）这样的先进坦克，但是由于法军战术拙劣，只用坦克实施一些单独的作战行动，因而没有充分发挥其应有的作用。正是这种军事思想的落后，造成法国在二战中极速溃败。

此外，教材第 61、73 页分别有德国"Ⅱ式"坦克和"虎"式坦克的插图，第 69 页有苏联"卡秋莎"火箭炮和"T-34"坦克的插图。比较而言，德国的武器装备在当时的北非和苏德战场上应该都是处于领先地位的。但是由于军需补给上的困难最终造成两个战场都以德国的失败告终：北非战场由于英国海空军的封锁，德军缺乏燃料补给，造成坦克趴窝；苏德战场由于德国军需生产能力不足，无法在 1943 年 5 月之前提供足够数量的"虎"式坦克投入到既定的战役中去，使得战役被迫拖延到 7 月，失去先机。而苏联的"T-34"坦克虽然性能不及"虎"式坦克，但胜在数量巨大。另一方面，苏制"卡秋莎"火箭炮凭借苏联庞大的军工产能，以数量上的压倒性优势在莫斯科战役和斯大林格勒战役中发挥了巨大的作用。这几个案例再一次印证了战争是国家综合实力较量的这一真理。

教师讲述

教材中关于二战中空军装备的插图只有一张,即英国"喷火"式战斗机。但它却是不列颠之战获胜的关键因素之一。"喷火"式战斗机的性能远优于德国梅塞施米特109（包括E型和早期F型）战斗机,加之雷达的

英国喷火式战斗机

配合,使得英国牢牢掌握着制空战权,迫使德国推迟"海狮计划",其侵略计划第一次未能得逞。

教师讲述

教材中对二战的海军装备的介绍一共有三幅插图。分别是第70页上的两艘航空母舰和第74页上的"大和"号超级战列舰。从海军的发展史上看,二战已经告别了传统的大炮巨舰主义。美国正是凭借航母的优势最终在海战上打败了日本。而日本的军事思想在这一领域转变较慢,"大和"号超级战列舰一直被日本视为撒手锏,曾号称"世界第一战列舰""日本帝国的救星"。但是1945年4月7日,大和号在冲绳岛战役中被美军飞机击沉。"大和"号的沉没,也宣告了大舰巨炮时代的彻底终结。

日本战列舰"大和"号　　美国航空母舰　　日本航母"飞龙"号中弹起火

三、微课思考

历史证明军事装备的变革能够决定战争的模式。因此,了解二战中军事装备的有关知识,有助于准确地把握二战发生转变的因素。对于军事装备知识的拓展,目的是辅助学生更好地理解二战的模式、进程和结果。但要注意:不能将军事装备的介绍无限扩大化,变成兵器知识的讲解课。